FRANCOPHONIES
D'AMÉRIQUE

FRANCOPHONIES
D'AMÉRIQUE

Automne 2002   Numéro 14

Les Presses de l'Université d'Ottawa

FRANCOPHONIES
D'AMÉRIQUE
Automne 2002   Numéro 14

Directeur :

PAUL DUBÉ
Université de l'Alberta, Edmonton

Conseil d'administration :

GRATIEN ALLAIRE, président
Université Laurentienne, Sudbury

JAMES DE FINNEY
Université de Moncton

PIERRE-YVES MOCQUAIS
Université de Calgary

JEAN-PIERRE WALLOT
CRCCF, Université d'Ottawa

Secrétariat de rédaction:

*Centre de recherche en civilisation
canadienne-française
Université d'Ottawa*
FRANCE BEAUREGARD
MONIQUE PARISIEN-LÉGARÉ

Révision linguistique:
ANDRÉ LAROSE

Francophonies d'Amérique est indexée
dans :

Klapp, *Bibliographie d'histoire littéraire
française* (Stuttgart, Allemagne)

*International Bibliography of Periodical
Literature (IBZ)* et *International
Bibliography of Book Reviews (IBR)*
(Osnabrück, Allemagne)

MLA International Bibliography (New York)

Cette revue est publiée grâce à la contribution financière
des universités suivantes :

    UNIVERSITÉ D'OTTAWA

    UNIVERSITÉ LAURENTIENNE DE SUDBURY

    UNIVERSITÉ DE MONCTON

    UNIVERSITÉ DE L'ALBERTA — FACULTÉ SAINT-JEAN

    UNIVERSITÉ DE CALGARY

Ce numéro a été réalisé grâce à l'appui du Regroupement des universités de la francophonie hors
Québec.

ISBN 2-7603-0549-X

TABLE DES MATIÈRES

LES FRANCOPHONIES CANADIENNES MINORITAIRES À L'AUBE DU XXIᵉ SIÈCLE
Actes du colloque au Congrès de l'ACFAS
tenu à l'Université de Montréal (mai 2000)

FRANCOPHONIES
D'AMÉRIQUE

Greg Allain
Université de Moncton
au nom du Comité de rédaction du numéro[1]

Le champ d'études des francophonies canadiennes minoritaires a connu un essor florissant au cours de la dernière décennie. Pour s'en rendre compte, on pense spontanément à la somme magistrale publiée en 1999 sous la direction de Joseph-Yvon Thériault, *Francophonies minoritaires au Canada : l'état des lieux.* L'ouvrage, qui rassemble une quarantaine de collaborateurs de diverses disciplines des sciences sociales et humaines, fait le point sur six thématiques clés, pour le Canada dans son ensemble et pour les grandes régions francophones à l'extérieur du Québec (l'Acadie, l'Ontario et l'Ouest)[2].

Il ne faudrait pas passer sous silence d'autres ouvrages portant sur les minorités francophones au Canada, dont ceux de Cardinal *et al.* (1994), de Boudreau et Nielson (1994), de Dubé et Sing (2001), de Grisé (1995), d'Allaire (1999) et de Stebbins (2000). Et cela, sans compter les ouvrages de synthèse sur les francophonies en région, comme celui de Daigle (1993), pour l'Acadie, et ceux de Jaenen (1993) et de Cotnam *et al.* (1995), pour l'Ontario. Pour chacune des grandes régions francophones au Canada, bien d'autres titres récents devraient être relevés, comme les ouvrages de Thériault (1995), de Basque *et al.* (1999, 2000), d'Allain et Basque (2001) sur l'Acadie, ceux de Cardinal (1997), de Bernard (1996, 1998) et de Gilbert (1999) sur l'Ontario, et celui de Morcos (1998) sur les artistes et auteurs francophones de l'Ouest.

Toutes ces publications ne sont pas le fruit d'une génération spontanée : il importe de signaler, au tournant des années 1990, l'apparition d'espaces de discussion sur la thématique des francophonies canadiennes minoritaires. Il existait déjà, dans les différentes régions et dans les universités francophones ou bilingues, tout un réseau de centres et d'instituts de recherche, auxquels se sont parfois greffées des chaires de recherche. Chacun de ces organismes animait déjà des activités de recherche et d'échanges entre chercheurs et fournissait même, dans plusieurs cas, des débouchés pour publier le résultat des travaux[3]. Mais voilà qu'apparaît en 1991 la revue *Francophonies d'Amérique*, véhicule privilégié pour diffuser la production sur nos francophonies[4]. L'année précédente avait été créé le Réseau des chercheurs sur les francophonies minoritaires du Canada, qui tient depuis un colloque multidisciplinaire dans le cadre du Congrès annuel de l'ACFAS. En plus de constituer un forum de discussion autour des grands thèmes qui rassemblent les chercheurs, le colloque annuel donne lieu à la publication de ses actes, tous les deux ou trois ans[5]. On compte déjà dans cette collection Cardinal (1993), Cazabon (1996), Allaire et Gilbert (1998)[6]. Les actes constituant le présent numéro de *Francophonies d'Amérique* sont ceux du colloque de mai 2000, qui a eu lieu à l'Université de Montréal[7] et qui avait pour thème « Les francophonies canadiennes minoritaires à l'aube du XXIe siècle ». Le titre devait évidemment beaucoup à l'inauguration d'un nouveau siècle et d'un nouveau millénaire[8], mais il se voulait rassembleur des thématiques ayant cours dans cette période charnière et après une décennie de recherches et de publications accrues sur nos objets d'étude. Le programme initial comportait seize communications[9], une conférence du sociologue québécois Fernand Harvey intitulée « La recherche sur la francophonie canadienne : tour d'horizon et orientations futures »[10], une table ronde à propos des centres et instituts de recherche sur les francophonies canadiennes[11], et un lancement de livres soulignant – et célébrant ! – la dizaine de parutions récentes de collègues membres du Réseau. Toutes ces activités ont suscité des discussions dynamiques et fructueuses !

Le texte synthèse d'ouverture, du sociologue Fernand Harvey, constitue un regard interprétatif sur les principales tendances qui se dégagent des recherches sur les francophonies canadiennes minoritaires. Comme on sait, ce champ de recherche multidisciplinaire a commencé à se constituer au cours des années 1970, dans le sillage de l'éclatement du Canada français à la fin des années 1960 et de l'émergence d'identités francophones provinciales et régionales. L'auteur signale la création progressive de neuf principaux centres de recherche et de huit revues savantes, de même que l'organisation de bon nombre de colloques sur le sujet. Il prend l'exemple de la sociologie pour montrer comment la discipline a évolué dans son approche au cours des années 1980 et 1990. À son avis, le champ des francophonies canadiennes minoritaires a su atteindre un important degré d'autonomie et fournir un apport original à la littérature scientifique. Un signe de sa nouvelle maturité : la publication, dans les années 1980 et surtout 1990, de plusieurs synthèses et bilans de la recherche. Plusieurs acteurs sociaux ont joué un rôle dans la constitution de ce champ (dont les diverses instances gouvernementales et le milieu associatif francophone) ; le Réseau de la recherche sur les francophonies canadiennes minoritaires, créé en 1990, qui relie les chercheurs de neuf institutions universitaires, a pour sa part joué un rôle clé à cet égard. Harvey analyse ensuite trois thèmes déterminants de la recherche depuis une vingtaine d'années : les nouveaux rapports entre l'individu, la communauté et la société ; la question très actuelle et complexe de l'identité ; enfin, les liens entre communautés et pouvoir. L'auteur conclut par un vibrant plaidoyer en faveur d'un rapprochement entre chercheurs québécois et chercheurs sur les francophonies canadiennes minoritaires et propose une série de pistes possibles.

En ce qui concerne le programme dans son ensemble, les organisateurs avaient cherché à innover en sollicitant notamment des communications dans un champ peu exploré jusqu'alors : celui des minorités francophones en milieu urbain. On trouvera ici deux des quatre textes présentés sur cette réalité, celui d'Annette Boudreau et Lise Dubois et celui de Greg Allain. Un deuxième bloc est constitué de trois textes sur les questions de langue (Roger Lozon ; Diane Gérin-Lajoie, Douglas Gosse et Sylvie Roy ; Jean Lafontant), un thème de prédilection dans nos colloques annuels. Trois textes sur des sujets distincts composent enfin le dernier bloc : la situation de la francophonie minoritaire dix ans après le fameux jugement Mahé (Paul Dubé), la langue de l'institution universitaire dans la francophonie des années 1960 (Gratien Allaire), et une étude comparée de la territorialité et de l'identité dans les romans d'Antonine Maillet et de David Adams Richards (Marie-Linda Lord). Mais encore, que disent ces textes ? Allons-y voir brièvement de plus près.

Les sociolinguistes Annette Boudreau et Lise Dubois tracent un portrait de l'évolution du français à Parkton, un quartier ouvrier francophone de Moncton. À partir d'entrevues sur les pratiques et les représentations linguistiques de trois générations d'habitants du quartier, les auteures dégagent des éléments qui reflètent de près les grandes étapes de changements linguistiques dans l'Acadie du Nouveau-Brunswick depuis les années 1960. La première génération date des années de l'après-guerre, où les Acadiens des campagnes environnantes, très peu scolarisés, venaient s'installer à Parkton pour travailler dans les ateliers du chemin de fer Canadien National. L'anglais étant à l'époque la langue du travail, du commerce, des soins de santé et de l'État, le français était cantonné dans la sphère domestique, paroissiale et, éventuellement, scolaire. Comme ailleurs au Canada français, on contrait la marginalité socio-économique par des liens serrés autour de la famille, de la paroisse et de l'école. Les gens de la deuxième génération, aujourd'hui dans la cinquantaine, sont nés à Parkton et y ont fréquenté l'école. Ayant vécu les luttes en faveur du français et obtenu des gains majeurs à ce chapitre, ils ont par la suite été désarçonnés par la standardisation de la langue après ces victoires. Leur réaction devant l'apparition d'une nouvelle norme linguistique monolithique a souvent pris la forme d'une profonde aliénation : après avoir pendant des années réclamé des manuels scolaires en français pour leurs jeunes, voilà qu'ils ne comprenaient pas la langue qu'on y trouvait ! La troisième génération, des gens au début ou au milieu de leur vie professionnelle, a profité des acquis obtenus au fil des ans. La valorisation de la langue française et la multiplication des possibilités de faire carrière en français leur inspirent confiance et fierté, ce qui, parallèlement à l'apparition d'une contre-légitimité linguistique, permet à nombre d'entre eux de se réapproprier la langue.

Inspirée par le constat d'une relative absence de recherches sur les francophones minoritaires en milieu urbain, l'étude d'Allain présente le profil (et l'évolution des dynamiques à l'œuvre dans le temps) d'une communauté francophone peu connue du Nouveau-Brunswick : celle de Saint-Jean. À l'aide d'une méthodologie qualitative (entrevues en profondeur, observation participante, analyse documentaire), l'auteur dégage les grandes étapes vécues par cette communauté. S'il a fallu attendre les années 1940 et 1950 pour qu'une masse critique de population soit atteinte, ce n'est qu'au début des années 1970 qu'une véritable prise de conscience s'opère et que commencent les luttes pour obtenir une école française (accordée en 1976), une paroisse française (établie en 1981), et un centre scolaire-communautaire (ouvert en 1984). Ce dernier fournira un ancrage vital aux francophones, grâce à sa panoplie de services et d'activités. C'est ainsi que la communauté construit progressivement sa complétude institutionnelle et sa capacité organisationnelle. Le réseau associatif, en croissance régulière depuis plus de vingt ans, est intimement lié au dynamisme et au développement de la communauté. La période depuis le milieu des années 1990 se caractérise par une visibilité accrue des francophones à l'échelle métropolitaine. De plus en plus, les dirigeants anglophones de la ville reconnaissent l'apport de la communauté francophone en ce qui a trait à l'enrichissement culturel et à la rentabilité économique. Que de chemin parcouru, depuis la longue période d'invisibilité totale jusqu'à la présence active et publique au sein de cette ville toujours officiellement désignée comme la ville loyaliste…

Au moyen d'une analyse qualitative du discours de locuteurs francophones du Sud-Ouest de l'Ontario, Roger Lozon se demande si les espaces sociaux qu'ils occupent influencent leurs représentations des diverses variétés de français en circulation et leurs sentiments linguistiques envers ces variétés, et si ces représentations et sentiments ont une incidence sur le maintien, la reproduction ou la sous-utilisation de ces types de français. Après avoir présenté son approche théorique et méthodologique, ainsi qu'un bref profil de la région étudiée, l'auteur analyse la situation linguistique au moyen de divers extraits d'entrevues auprès de gens d'âge, de sexe et d'occupation différents. Les données confirment que les locuteurs reconnaissent les variétés de français utilisées (le français régional, le français standard), mais qu'ils attribuent à chacune une valeur qui varie en fonction du milieu : le français régional est davantage confiné à la sphère familiale, alors que le français standard semble davantage être la norme dans les milieux scolaires et professionnels. Il en résulte dans bien des cas une insécurité linguistique (sentiment d'infériorité vis-à-vis du français standard) qui entraîne une réticence à s'exprimer en français dans des contextes plus formels. L'auteur se demande donc si cette dévalorisation du français régional peut être à l'origine du faible taux de conservation de la langue française dans la région observée.

La diversité et la complexification croissantes des francophonies canadien-nes minoritaires, qui résulte notamment de l'urbanisation, de l'immigration et de la perte d'influence d'institutions telles que l'Église et la famille, entraînent dans leur sillage des repositionnements identitaires et linguistiques. Diane Gérin-Lajoie et ses collègues auscultent cette nouvelle donne au moyen d'une étude qualitative sur des adolescents qui étudient dans deux écoles secondai-res francophones de Toronto : en plus des entrevues semi-dirigées auprès des jeunes, de leur famille et de leurs enseignants, les auteurs ont fait appel à la technique de l'observation de même qu'à un sondage exploratoire. Le portrait des parcours identitaires qui s'en dégage se caractérise par une grande mou-vance. On présente le cas type d'un jeune dont les pratiques langagières varient selon le contexte où il se trouve (la famille, l'école, les amis). De plus, son appartenance à un groupe linguistique change plusieurs fois pendant les trois années de la recherche. Devant une telle situation, doit-on conclure à une assimilation accélérée et inévitable de ces jeunes au groupe majoritaire anglophone ? Les auteurs préfèrent opter pour une interprétation plus ouverte et plus sensible à la complexité évolutive des situations : ils mettent en évi-dence la grande mouvance socio-linguistique dans laquelle baignent les ado-lescents francophones en milieu minoritaire aujourd'hui.

Le sociologue Jean Lafontant nous livre pour sa part les résultats d'une enquête effectuée au printemps 1998 auprès d'un échantillon de 157 finissants francophones des écoles secondaires du Manitoba. Trente et une entrevues viennent compléter cette étude sur les pratiques linguistiques des jeunes et la valeur qu'ils attribuent aux langues officielles. Comme ailleurs, le problème de transfert linguistique vers l'anglais existe, mais l'introduction de deux varia-bles contrôle (le statut professionnel des parents et la langue de travail) permet de le moduler : les cols blancs travaillant en français, par exemple, ont ten-dance à communiquer davantage en français avec leurs enfants que les cols bleus dont la langue au travail est l'anglais. Les jeunes ont tendance à attribuer une meilleure cote à leur performance linguistique en anglais (81 %) qu'à leur performance en français (69,5 %), et la majorité d'entre eux préfèrent l'anglais comme outil de communication (sauf ceux dont les parents sont des cols blancs travaillant en français, qui préfèrent cette dernière langue). Par ailleurs, quand il s'agit de choisir un conjoint, particulièrement en vue du mariage, les jeunes reconnaissent les risques de l'exogamie mais estiment majoritairement que leurs parents approuveraient un tel mariage ; ils croient qu'ils pourraient alors sauvegarder leur langue, car c'est selon eux une question de volonté person-nelle... Les jeunes sont convaincus des avantages du bilinguisme (c'est un « atout supplémentaire »), mais la famille et surtout l'école leur envoient des messages ambigus qui, tout en nourrissant le sentiment d'appartenance à un groupe ethno-culturel, véhicule aussi l'idéologie officielle du multicultura-lisme et de « l'égalité dans la diversité ».

Dans son texte, Paul Dubé nous convie à une réflexion sur l'avenir de la francophonie canadienne minoritaire dans le sillage des jugements Mahé (1990) et Arsenault-Cameron (2000). Ces décisions constituent des victoires juridiques et constitutionnelles importantes sur le plan de la protection et de la promotion du français. Ces jugements favorables, ainsi que le réseau institutionnel mis en place depuis une vingtaine d'années, peuvent donner lieu, de la part des élites francophones, à des discours optimistes à propos de l'avenir. Mais les réalités à la base (assimilation, exogamie, fierté linguistique et identitaire en déclin...) sembleraient démentir cet optimisme. Un regard sur la situation des jeunes montre que ces derniers vivent dans une culture postmoderne éclatée, avec une francité instrumentale et fragmentée. Pour dénouer l'impasse, l'auteur invite chercheurs, politiques et communautés à recomposer, au-delà des discours culturalistes, essentialistes et historisants, un nouveau projet de société pouvant effectivement mobiliser les jeunes dans une perspective post-postmoderniste.

L'historien Gratien Allaire se penche, pour sa part, sur les trajectoires linguistiques différentielles des universités en Acadie du Nouveau-Brunswick et en Ontario francophone durant les années 1960, période charnière pour les établissements universitaires. Bien sûr, on pourrait relever beaucoup de similitudes entre les universités des deux provinces qui desservent les francophones : fondés par des congrégations religieuses, les premiers établissements (souvent des collèges) seront laïcisés au cours des années 1960, décennie qui verra une croissance très importante des effectifs étudiants et professoraux ainsi qu'une augmentation du nombre d'édifices, le tout allant de pair avec une grande expansion des programmes offerts. Mais l'auteur s'intéresse aux stratégies linguistiques qui, elles, diffèrent selon la province. Au Nouveau-Brunswick, le gouvernement Robichaud crée une université unilingue française, tel que le recommandait la Commission royale d'enquête sur l'enseignement supérieur : l'accent est mis sur la coordination et la collaboration entre des établissements régionaux pré-existants (dont certains disparaîtront ou seront fusionnés à l'intérieur de l'Université de Moncton). En Ontario, même si le bilinguisme n'apparaît pas dans les chartes universitaires avant 1960, voilà que dans la foulée des travaux de la Commission Laurendeau-Dunton, on incorpore en 1965 dans la Loi de l'Université d'Ottawa le statut bilingue de cette institution, tandis qu'à Sudbury, des collèges se regroupent pour former une université bilingue, afin d'accéder au statut d'institution universitaire et aux subventions gouvernementales. Mais si la proportion d'étudiants francophones dans la première se maintient à 57 % dans les années 1960, cette proportion chute dans la seconde, passant de 52 % à 14 % en moins de dix ans. Ce qui confirme aux yeux de certains l'échec des universités bilingues, très liées au contexte des années 1960, et la nécessité pour les Franco-Ontariens de gérer en français leur propre université francophone.

Dans le dernier texte, Marie-Linda Lord effectue une analyse littéraire comparée des œuvres de deux romanciers célèbres du Nouveau-Brunswick, Antonine Maillet et David Adams Richards, sous l'angle des liens entre territorialité et identité. Tous deux situent le cadre de leurs romans près de leur propre lieu d'origine, et leurs personnages sont souvent des gens marginalisés : des Acadiens descendants de déportés revenus d'exil, dans le cas de Maillet, et chez

Richards, des descendants d'Irlandais celtiques ayant fui l'Irlande dans la première moitié du XIXe siècle et qui se considèrent comme exilés. Mais là s'arrêtent les similitudes. Les repères territoriaux renvoient chez les deux auteurs à des profils identitaires différents. Les protagonistes de Maillet habitent le pays d'Acadie, un espace qu'ils se sont réappropriés, et en tirent une identité forte axée sur l'avenir. Les personnages de Richards sont campés dans la région de la rivière Miramichi, dans l'isolement et la marginalité, et vivent une identité aléatoire et fragmentée. Si le « pays » des romans de Maillet représente « un espace d'appartenance, d'enracinement, chargé de sens et de mémoire » et se situe dans une quête identitaire territoriale, l'espace des œuvres de Richards est vécu par les personnages comme emprisonnant et reflétant la fragmentation du territoire qu'ils habitent.

Le bref survol des textes que nous venons d'effectuer devrait suffire à indiquer toute leur richesse et inciter lecteurs et lectrices à les parcourir plus en détail ! En terminant, je tiens à remercier les auteurs et, plus largement, tous ceux et celles qui ont participé au colloque de mai 2000. Grand merci également aux collègues Gratien Allaire et Frank McMahon, membres avec moi du Comité organisateur du colloque, puis du Comité de rédaction de ces actes, ainsi qu'au directeur de *Francophonies d'Amérique*, Paul Dubé, pour ses précieux conseils et son appui indéfectible tout au long de ce projet. Et maintenant, place à la lecture !

BIBLIOGRAPHIE

ALLAIN, Greg et Maurice BASQUE (2001), *De la survivance à l'effervescence : portrait historique et sociologique de la communauté francophone et acadienne de Saint-Jean*, Nouveau-Brunswick, Saint-Jean, Association régionale de la communauté francophone de Saint-Jean, 299 p.

ALLAIRE, Gratien (1999), *La francophonie canadienne : portraits*, Québec, CIDEF-AFI et Sudbury, Prise de parole, 222 p.

ALLAIRE, Gratien et Anne GILBERT (dir.) (1998), *Francophonies plurielles : communications choisies*, Sudbury, Institut franco-ontarien, 316 p.

Arsenault-Cameron contre Île-du-Prince-Édouard (2000), CSCI, n° du greffe 26682.

BASQUE, Maurice, Nicole BARRIEAU et Stéphanie CÔTÉ (1999), *L'Acadie de l'Atlantique*, Moncton, SNA/Centre d'études acadiennes et Québec, CIDEF-AFI, 152 p.

BASQUE, Maurice, Isabelle McKEE-ALLAIN, Linda CARDINAL, Phyllis E. LEBLANC et Janis L. PALLISTER (2000), *L'Acadie au féminin : un regard multidisciplinaire sur les Acadiennes et les Cadiennes*, Moncton, Université de Moncton, Chaire d'études acadiennes, 348 p.

BERNARD, Roger (1996), *De Québécois à Ontarois*, Ottawa, Éditions du Nordir, 181 p.

BERNARD, Roger (1998), *Le Canada français : entre mythe et utopie*, Ottawa, Éditions du Nordir, 238 p.

BOUDREAU, Annette, et Stéphane GUITARD (2001), « Les radios communautaires : instruments de francisation », *Francophonies d'Amérique*, n° 11, p. 123-133.

BOUDREAU, Françoise et Greg Marc NIELSEN (dir.) (1994), « Les francophonies nord-américaines », *Sociologie et sociétés*, vol. 26, n° 1, printemps, 196 p.

CARDINAL, Linda (dir.) (1993), *Une langue qui pense : la recherche en milieu minoritaire francophone au Canada*, Ottawa, Presses de l'Université d'Ottawa, 184 p.

CARDINAL, Linda (1997), *L'engagement de la pensée : écrire en milieu minoritaire francophone au Canada*, Ottawa, Le Nordir, 192 p.

CARDINAL, Linda, Jean LAPOINTE et J.-Yvon THÉRIAULT (1994), *État de la recherche sur les communautés francophones hors-Québec 1980-1990*, Ottawa, Université d'Ottawa, Centre de recherche en civilisation canadienne-française, 201 p.

CAZABON, Benoît (dir.) (1996), *Pour un espace de recherche au Canada français : discours, objets et méthodes*, Ottawa, Presses de l'Université d'Ottawa, 284 p.

COTNAM, Jacques, Yves FRENETTE et Agnès WHITFIELD (dir.) (1995), *La francophonie ontarienne : bilan et perspectives de recherche*, Ottawa, Le Nordir.

DAIGLE, Jean (dir.) (1993), *L'Acadie des Maritimes. Études thématiques des débuts à nos jours*, Moncton, Université de Moncton, Chaire d'études acadiennes, 910 p.

DUBÉ, Paul et Pamela SING (dir.) (2001), *Communautés francophones : espaces d'altérité*, Edmonton, Institut de recherche de la Faculté Saint-Jean, 267 p.

FAUCHON, André (dir.) (2000), *La francophonie panaméricaine : état des lieux et enjeux*, Saint-Boniface, Centre d'études franco-canadiennes de l'Ouest, 419 p.

GILBERT, Anne (1999), *Espaces franco-ontariens*, Éditions du Nordir, 198 p.

GRISÉ, Yolande (dir.) (1995), *États généraux de la recherche sur la francophonie à l'extérieur du Québec*, Ottawa, Presses de l'Université d'Ottawa, coll. « Actexpress », 284 p.

HARVEY, Fernand (2000), « La recherche sur les communautés francophones au Canada : essai d'interprétation », *L'année francophone internationale 2001*, Bibliothèque nationale du Québec, p. 297-306.

JAENEN, Cornelius J. (dir.) (1993), *Les Franco-Ontariens*, Ottawa, Presses de l'Université d'Ottawa, 443 p.

Mahé, Jean-Claude, Angéline Martel, Paul Dubé et l'Association de l'école Georges-et-Julia-Bugnet contre Sa majesté la Reine du Chef de la province de l'Alberta (1990), 15 mars (dans le site de la Cour suprême : <www.scc-csc.gc.ca/judgments/index_f.html>).

MARCOS, Gamila, avec la collaboration de Gilles CADRIN, Paul DUBÉ et Laurent GODBOUT (1998), *Dictionnaire des artistes et des auteurs francophones de l'Ouest*, Sainte-Foy, Presses de l'Université Laval, 366 p.

STEBBINS, Robert (2000), *The French Enigma : Survival and Development in Canada's Francophone Societies*, Calgary, Detselig Enterprises, 254 p.

THÉRIAULT, J.-Yvon (1995), *L'identité à l'épreuve de la modernité : écrits politiques sur l'Acadie et les francophonies canadiennes minoritaires*, Moncton, Les Éditions d'Acadie, 324 p.

THÉRIAULT, J.-Yvon (dir.) (1999), *Francophonies minoritaires au Canada : l'état des lieux*, Moncton, Les Éditions d'Acadie, 578 p.

NOTES

1. Le Comité de rédaction comprenait Greg Allain de l'Université de Moncton, Gratien Allaire de l'Université Laurentienne, et Frank McMahon de la Faculté Saint-Jean (Université de l'Alberta). Paul Dubé, également de l'Université de l'Alberta et directeur de *Francophonies d'Amérique*, s'est joint à l'équipe en cours de route et a travaillé étroitement avec le comité.

2. La géographie, l'histoire, la socioéconomie, le politico-juridique, l'éducation et la culture.

3. Sans oublier l'apport de tous les autres centres, mentionnons le travail de la Chaire d'études francophones d'Amérique du Nord (CEFAN), à l'Université Laval, qui tient chaque année un séminaire doctoral dont les résultats sont publiés sous forme de livre dans la Collection CEFAN – Culture française d'Amérique des Presses de l'Université Laval. Cette collection comporte actuellement 17 titres. Soulignons également la trentaine d'ouvrages publiés par le Centre d'études acadiennes et la Chaire d'études acadiennes de l'Université de Moncton, les 17 volumes des actes de colloque du Centre d'études franco-canadiennes de l'Ouest (CEFCO) et les nombreuses publications du Centre de recherche en civilisation canadienne-française (CRCCF) de l'Université d'Ottawa.

4. Qui venait s'ajouter aux périodiques déjà existants tels la revue *Égalité*, la *Revue de l'Université de Moncton*, la *Revue de l'Université Sainte-Anne*, la *Revue du Nouvel Ontario*, les *Cahiers franco-canadiens de l'Ouest*.

5. Une autre édition des actes devrait paraître sous peu, regroupant des textes des colloques de 1997 et 1998. Les actes du colloque de 2001 ont déjà paru dans le numéro 12 de *Francophonies d'Amérique* (sous la direction de Diane Gérin-Lajoie).

6. En 1999, exceptionnellement, le colloque s'est tenu à l'extérieur des cadres de l'ACFAS, en collaboration avec le Séminaire d'été sur la francophonie canadienne, au Collège universitaire de Saint-Boniface : ces Actes ont également été publiés (voir Fauchon, 2000).

7. Le Comité organisateur du colloque se composait de Greg Allain de l'Université de Moncton, Gratien Allaire de l'Université Laurentienne et Frank McMahon de la Faculté Saint-Jean de la University of Alberta.

8. D'ailleurs, le thème général de ce 68e Congrès de l'ACFAS était « Les sciences au XXIe siècle ».

9. Dont certaines n'ont pas été soumises pour publication, alors que d'autres ont été publiées ailleurs. Une d'entre elles, par exemple, est parue dans un numéro précédent de *Francophonies d'Amérique* (Boudreau et Guitard, 2001).

10. Dont une version plus courte a été publiée dans *L'Année francophone internationale* (voir Harvey, 2000).

11. Dont les textes n'ont pas été reproduits ici à cause de contraintes d'espace. On retrouvera l'essentiel des informations sur les sites Internet de chacun.

LE CHAMP DE RECHERCHE SUR LES COMMUNAUTÉS FRANCOPHONES MINORITAIRES AU CANADA : SA STRUCTURATION, SES ORIENTATIONS[*]

Fernand Harvey
Chaire Fernand-Dumont sur la culture
INRS Urbanisation, Culture et Société
Université du Québec

Le champ de recherche sur les communautés francophones minoritaires au Canada a connu d'importants développements depuis les années 1980. À tel point qu'il est devenu impossible de rendre justice, dans le cadre d'un simple article, à tous ceux et celles qui y ont contribué. Aussi, ma contribution sera-t-elle davantage un essai d'interprétation des grandes tendances de ce champ scientifique, plutôt qu'un inventaire systématique de la production. De tels états de la question ont déjà été publiés et sont cités au passage à des fins de référence. Le présent bilan, en plus de s'en tenir à ce qui m'apparaît particulièrement significatif, se veut également une ouverture vers de nouvelles perspectives de recherche pour l'avenir.

Mes réflexions relatives à l'état de la recherche sur les francophonies canadiennes minoritaires m'amènent à distinguer trois aspects. Il importe dans un premier temps de jeter un regard général sur l'émergence et la structuration du champ de recherche sur les francophonies canadiennes. Dans un second temps, il est possible de noter l'émergence de certaines thématiques de recherche particulièrement révélatrices qui résultent de l'interaction entre le développement de la recherche et les dynamiques sociales à l'œuvre, tant sur le plan communautaire que sur le plan de la société globale canadienne. Enfin, le temps est venu, me semble-t-il, d'envisager une meilleure articulation entre le champ des études québécoises et celui des communautés francophones minoritaires.

La structuration du champ de recherche sur les francophonies canadiennes minoritaires

Plusieurs auteurs ont associé l'émergence du champ de recherche sur les communautés francophones canadiennes minoritaires à l'éclatement de l'ancien Canada français résultant de l'affirmation du néonationalisme québécois, à partir du milieu des années 1960. La tenue des États généraux du Canada français à Montréal en 1968 aurait marqué cette rupture idéologique (Martel, 1997). « Les anciens Canadiens français non québécois se percevront pour un temps, comme les *orphelins d'une nation* », selon Joseph-Yvon Thériault (1999, p. 11). Cette rupture à la fois idéologique et symbolique ne saurait à elle seule expliquer le développement ultérieur des études francophones hors Québec, bien qu'elle ait permis d'en fonder les assises géographiques et sociologiques. Désormais les communautés francophones minoritaires allaient être étudiées pour elles-mêmes et non pas à l'intérieur des études générales sur le Canada français incluant le Québec.

À l'origine de la structuration du champ de recherche sur les francophonies canadiennes minoritaires, on trouve quatre types d'institutions : l'État fédéral, par l'intermédiaire des ministères et organismes chargés de la mise en œuvre de la politique des langues officielles à partir de 1969[1] ; certains ministères ou organismes provinciaux, plus particulièrement au Nouveau-Brunswick et en Ontario ; le milieu associatif francophone minoritaire à l'échelle provinciale et nationale, entre autres la Fédération des francophones hors Québec fondée en 1975, laquelle deviendra en 1991 la Fédération des communautés francophones et acadienne ; enfin, le réseau universitaire francophone hors Québec. Si les trois premiers types d'institutions ont largement contribué à colliger des données statistiques – notamment en matière linguistique –, à constituer des inventaires, des états de la situation et des diagnostics en vue de l'action ou de la mise en œuvre de politiques[2], il apparaît clairement que les assises épistémologiques et théoriques de ce champ de recherche ont surtout été le fait d'universitaires rattachés à divers départements ou centres de recherche.

À cet égard, on ne saurait trop insister sur le rôle important joué par le Réseau de la recherche sur la francophonie canadienne, créé au début des années 1990. Celui-ci est constitué principalement de chercheurs de l'Université de Moncton et de ses campus d'Edmundston et de Shippagan, de l'Université Sainte-Anne, de l'Université d'Ottawa, de l'Université Laurentienne, du Collège Glendon, du Centre de recherches en éducation franco-ontarienne de l'Université de Toronto, du Collège universitaire de Saint-Boniface, de l'Institut de formation linguistique de l'Université de Régina et de la Faculté Saint-Jean à Edmonton.

Tableau 1
Principaux centres de recherche universitaires
en milieu francophone minoritaire

Région	Rattachement institutionnel	Date de fondation
Ontario		
• Centre de recherche en civilisation canadienne-française (CRCCF) <http://www.uottawa.ca/academic/crccf/>	Université d'Ottawa	1958
• Institut franco-ontarien <http://www.laurentian.ca/admn/grad_study/research/ifof.html>	Université Laurentienne	1976
• Centre de recherche en éducation francoontarienne (CREFO) <http://www.oise.utoronto.ca/CREFO/>	OISE, Université de Toronto	1977
• Chaire d'études québécoises <http://www.mce.gouv.qc.ca/e/html/e1152002.html>	Collège Glendon, York University	2001
Acadie		
• Centre d'études acadiennes <http://www.umoncton.ca/etudeacadiennes/centre/cea.html>	Université de Moncton	1968
• Centre acadien <http://nsgna.ednet.ns.ca/arcca/>	Université Sainte-Anne	1972
• Chaire d'études acadiennes <http://www.umoncton.ca/etudeacadiennes/chaire/CHEA.html>	Université de Moncton	1982
Ouest		
• Centre d'études franco-canadiennes de l'Ouest (CEFCO) <http://www.ustboniface.mb.ca/cusb/jlafonta/colloque/cefco.html>	Collège universitaire de Saint-Boniface (en coll. avec d'autres universités)	1978
• Centre d'études sur le Canada français et la Francophonie	Institut de formation linguistique, Université de Régina	1994

Des chercheurs rattachés à l'un ou l'autre des centres de recherche ou départements des principales institutions francophones, ou à diverses universités anglophones, notamment dans les départements de littérature française, ont réalisé des recherches personnelles ou en équipe à partir d'inventaires d'archives, d'enquêtes sur le terrain, de corpus littéraires et d'analyses documentaires. C'est ainsi qu'au cours des années 1970 et 1980, plusieurs colloques ont été organisés pour faire le point sur la situation de la recherche concernant ce qu'on appelait encore le « Canada français ». Langue, littérature, histoire et culture ont ainsi été les sujets clés des colloques pionniers organisés par le Centre de recherche en civilisation canadienne-française de l'Université d'Ottawa au cours des années 1970 (CRCCF, 1975, 1977 ; Vigneault, 1977 ; Dionne, 1983). Au début des années 1980, ce fut au tour du Centre d'études franco-canadiennes de l'Ouest d'organiser une série de colloques sur les francophonies de l'Ouest à partir de Saint-Boniface, de Régina et d'Edmonton (CEFCO, 1982). Au cours des années, divers colloques ont également été organisés par l'Institut franco-ontarien de l'Université Laurentienne, la Chaire d'études acadiennes et le Centre d'études acadiennes de l'Université de Moncton[3].

Outre la multiplication des colloques, la fondation et le maintien de revues savantes en milieu universitaire ont contribué à l'institutionnalisation de la recherche en milieu francophone minoritaire. Le tableau 2 révèle la présence de huit revues savantes au sein du réseau universitaire francophone hors Québec. À cela s'ajoute la contribution de ces chercheurs aux revues savantes québécoises et pancanadiennes.

Tableau 2
Revues savantes en milieu francophone canadien minoritaire

	Éditeur	Date de fondation
Revue de l'Université de Moncton	Université de Moncton	1968-
Revue du Nouvel-Ontario	Institut franco-ontarien, Université Laurentienne	1978-
Égalité. Revue acadienne d'analyse politique	Groupe d'intellectuels acadiens	1980-
Francophonies d'Amérique	Université d'Ottawa (CRCCF et collaborations diverses)	1991-
Revue de l'Université Sainte-Anne	Université Sainte-Anne	1977-1997

Cahiers franco-canadiens de l'Ouest	CEFCO	1989-
Port Acadie. Revue interdisciplinaire en études acadiennes (bilingue)	Université Sainte-Anne	2001-
La Société historique acadienne. Les Cahiers	Société historique acadienne	1961-

Par ailleurs, la multiplication des études en sciences sociales au cours des années 1970 a rendu possible la publication en 1984 d'un premier bilan intitulé *D'une question linguistique à un problème sociétal. Revue de la littérature sur la francophonie hors Québec* (1984), réalisé par Jean Lapointe et Joseph-Yvon Thériault pour le compte du Secrétariat d'État du Canada. Après avoir noté le pessimisme des premiers travaux décrivant la réalité francophone hors Québec, entre autres la dynamique de l'assimilation, les inégalités économiques, la faiblesse des institutions, l'inexistence de protection juridique et « l'absence de pays », les auteurs du bilan relèvent un courant d'analyse plus optimiste alors en émergence, lequel rend compte de la capacité d'autonomie des communautés francophones hors Québec. Ce nouveau courant s'appuyait sur l'analyse des rapports politiques, des mécanismes de prise en charge et des projets de revalorisation de l'identité des communautés. Selon Lapointe et Thériault, le champ encore mal défini des études sur les communautés francophones minoritaires aurait ainsi débordé l'étude de la dynamique linguistique pour s'élargir à des préoccupations plus larges à caractère sociétal.

À l'exception des travaux pionniers des historiens, des littéraires et de quelques spécialistes en sciences sociales, il semble donc que l'intérêt des chercheurs universitaires pour le champ d'étude sur les francophonies minoritaires remonte aux années 1980.

Un second bilan, publié en 1994 par Linda Cardinal, Jean Lapointe et Joseph-Yvon Thériault et consacré à la recherche effectuée au cours des années 1980, montre l'importance du chemin parcouru, tant du point de vue de l'ampleur et du nombre de recherches que du point de vue de l'élargissement des problématiques et de la théorisation du champ[4] (1994). L'évolution des thématiques et des objets de recherche qu'on observe à partir des années 1980 contraste par rapport aux travaux de la décennie précédente, mais elle n'est pas sans rapport avec l'évolution générale de la société canadienne dans laquelle s'insèrent à la fois les communautés francophones minoritaires et les chercheurs qui l'étudient.

Depuis les années 1990, la dynamique de la recherche sur les francophonies canadiennes minoritaires a poursuivi sa lancée autour de problématiques issues du contexte social de la décennie précédente. Ce champ d'étude semble néanmoins avoir atteint un certain niveau de maturité, si l'on se réfère à la multiplication des colloques et des bilans de recherche[5]. Ces bilans, de généraux qu'ils étaient au cours des années 1970, sont devenus plus sectoriels par la suite ; c'est là un indice révélateur de la diversification du champ d'étude sur les francophonies canadiennes en ce qui concerne l'historiographie, la sociologie, l'ethnologie, l'analyse littéraire, la linguistique, etc. Ce dynamisme scientifique ne doit cependant pas masquer la fragilité de ses assises institutionnelles. Il existe en effet entre les universités et centres de recherche en milieu francophone minoritaire d'importantes disparités sur le plan des ressources humaines et financières ; or celles-ci se sont aggravées depuis une décennie à la suite des coupures effectuées dans les universités par les gouvernements provinciaux.

Parmi les disciplines qui s'intéressent à ce champ d'étude, le cas de la sociologie est particulièrement intéressant. Sans doute parce que cette discipline se situe aux premières loges du combat des minorités francophones pour l'affirmation de leur autonomie. Linda Cardinal rappelle, à cet égard, que les transformations qui ont marqué la sociologie des francophonies minoritaires sont en lien direct avec les débats de société qu'on a pu observer parmi les acteurs de ces communautés. Ainsi, jusqu'au milieu des années 1980, cette sociologie s'est articulée autour des notions de groupes minoritaires et nationalitaires, de complétude institutionnelle, de communauté d'histoire et de culture ainsi que d'ethnicisation, en référence aux théories des relations ethniques, du pouvoir organisationnel et de la socialisation. Cette démarche sociologique voulait ainsi dépasser une approche purement statistique des minorités linguistiques pour s'inscrire dans une perspective sociétale, comme nous l'avons souligné précédemment. D'où son intérêt pour l'étude des processus d'autonomisation des communautés, qui prend appui sur des théories du mouvement national, du pouvoir organisationnel et des rapports de pouvoir (Cardinal et Lapointe, 1990, p. 48-51).

La sociologie des francophonies minoritaires ne s'est pas contentée d'une attitude purement théorique à l'égard de son objet de recherche ; elle a remis en cause les fondements de la politique canadienne du bilinguisme, jugés désincarnés par rapport aux réalités des francophones. Elle a servi, selon Cardinal et Lapointe, « à réintroduire une dimension sociologique dans le discours sur l'avenir linguistique du pays et à le repolitiser afin d'y faire intervenir la question de l'autonomie des groupes linguistiques nationaux » (p. 52).

À partir du milieu des années 1980, la sociologie des francophonies minoritaires a été amenée à revoir son approche axée sur l'autonomisation de communautés francophones homogènes définies en fonction d'un type idéal. L'émergence de nouvelles problématiques théoriques et sociales explique cet important virage théorique. L'identification de nouveaux acteurs tels que les jeunes, les femmes, les analphabètes et les francophones d'origines ethniques diverses ont amené les chercheurs à revoir les paramètres traditionnels de l'identité communautaire. De plus, l'émergence d'un nouveau discours néolibéral valorisant l'entrepreneurship individuel et le secteur privé a remis en cause l'approche communautarienne de la sociologie, jugée passéiste par certains, même si elle a su se renouveler récemment (Allain et Basque, 2001). Cette approche néolibérale, qui favorise l'intégration sans assimilation, est soutenue par Gilles Paquet et Jean-René Ravault ; elle a engendré un vif débat

16

lors d'un colloque organisé par la Fédération des francophones hors Québec en 1982 (Fédération des francophones hors Québec, 1982). Ce débat a eu des effets salutaires sur la sociologie des francophonies minoritaires, car il a amené les chercheurs de cette discipline à élargir leurs préoccupations au-delà de la seule capacité des communautés à mobiliser leurs ressources, pour considérer de façon plus large les rapports de ces communautés à la politique, à l'économie et à l'État (Cardinal et Lapointe, 1990, p. 59-60).

L'exemple de la sociologie permet de constater le degré d'autonomisation qu'a pu atteindre le champ plus large des études sur les francophonies minoritaires à l'aube du XXIe siècle, de même que son apport original à la science. On pourrait observer une tendance analogue en historiographie, avec le développement de l'histoire des idéologies et de l'histoire économique et sociale, de même qu'en analyse littéraire, avec la notion de littérature de l'exiguïté, telle que la définit François Paré (1992). Il en va de même des travaux en linguistique, comme en témoigne un récent ouvrage publié sous la direction de Claude Poirier (1994). La question linguistique s'est par ailleurs subdivisée en plusieurs champs de recherche périphériques à la linguistique proprement dite : démolinguistique, droits linguistiques et scolaires, apprentissage du français, etc[6]. Parmi les études à caractère interdisciplinaire, les études féministes ont également commencé à faire sentir leur présence à partir du milieu des années 1980 (Basque, McKee-Allain *et al.*, 2000 ; Cardinal, 1993).

En terminant ce rapide survol de la structuration du champ de recherche sur les francophonies canadiennes minoritaires, il convient de noter un signe évident de sa maturité, à savoir la publication de synthèses, lesquelles n'auraient sans doute pas été possibles au début des années 1970. Première de ces synthèses, *Les Acadiens des Maritimes. Études thématiques* (sous la direction de Jean Daigle, publiée en 1980), rend compte, en dépit de ses lacunes, d'une capacité d'aborder différents aspects touchant à l'histoire et à la société acadiennes contemporaines. Cette publication a été remaniée en profondeur en 1993 (Daigle, 1993). Un ouvrage analogue a été publié la même année sur *Les Franco-Ontariens*, sous la direction de Cornelius Jaenen (1993). Enfin, l'imposante et incontournable synthèse *Francophonies minoritaires au Canada. L'état des lieux*, sous la direction de Joseph-Yvon Thériault, témoigne du niveau de maturité des études franco-canadiennes (1999).

Recherche et société : quelques enjeux déterminants

Puisqu'il existe d'excellents bilans de recherche concernant les francophonies canadiennes minoritaires et qu'on pourra s'y référer au besoin, je me permettrai quelques réflexions personnelles autour de trois thèmes qui m'apparaissent déterminants pour caractériser la recherche en sciences sociales réalisée au cours des deux dernières décennies. Le premier thème fait référence aux nouveaux rapports qui se sont développés entre l'individu, la communauté et la société ; le second thème pourrait s'intituler « l'identité revisitée ou la culture de la complexité »; quant au troisième thème, il concerne le rapport des communautés avec le pouvoir[7]. Il va de soi que ces trois thèmes sont interreliés.

Les nouveaux rapports entre l'individu, la communauté et la société

Les recherches sur les francophonies canadiennes minoritaires réalisées jusqu'au milieu des années 1980 ont mis l'accent sur les communautés en elles-mêmes et sur leur capacité d'autonomisation. Bien que de telles études continuent de s'avérer nécessaires, il est devenu évident qu'il fallait ouvrir la problématique de la communauté dans deux directions complémentaires : celle de l'individu et celle de la société globale. Le contexte néolibéral qui émerge au cours des années 1980 a favorisé la valorisation de l'individu, tant sur le plan des pratiques culturelles que sur le plan des pratiques économiques, ce qui contraste avec l'approche communautaire de la décennie précédente. L'impact de ce nouveau contexte social s'est répercuté sur la recherche. On se rappellera que les sociologues ont dû revoir leur approche de la communauté pour mieux tenir compte de la pluralité des groupes sociaux qui la composent, incluant les entrepreneurs à tendance individualiste et les nouveaux acteurs qui n'étaient pas pris en compte dans la vision traditionnelle de la communauté, à savoir les femmes, les jeunes, les marginaux, les exclus… Dans le cas des études en éducation, par exemple, la prise en compte de ces nouveaux acteurs a permis d'associer leur démarche d'autonomie personnelle et de groupe au renforcement de la démarche d'autonomie de la communauté elle-même. Un tel lien est susceptible de produire des effets bénéfiques à moyen terme sur les pratiques économiques et culturelles des communautés francophones. L'intérêt accordé par les chercheurs au rôle des individus est particulièrement important et lourd de signification à long terme, plus particulièrement en ce qui concerne les jeunes. Plus que jamais, une problématique de la jeunesse s'avère nécessaire.

L'autre élargissement de la problématique communautaire concerne son insertion dans la société globale, en l'occurrence la société canadienne et ses variantes provinciales ou régionales. À cet égard, de nombreuses études ont démontré qu'il n'était plus possible ni souhaitable d'étudier les communautés francophones pour elles-mêmes sans tenir compte d'un environnement économique, social et culturel plus vaste. Ainsi, on ne saurait étudier le comportement et les valeurs des jeunes francophones sans faire référence à une culture de la jeunesse à l'échelle canadienne, voire occidentale. De la même façon, l'analyse des comportements d'une communauté francophone vivant dans une région touchée par les disparités économiques régionales doit être située dans un contexte plus large. Certains historiens ont pu de cette façon rejeter la thèse des mentalités pour expliquer le sous-développement de régions à forte concentration francophone (Couturier et LeBlanc, 1996).

L'identité revisitée ou la culture de la complexité

La question de l'identité est centrale et incontournable pour l'étude des francophonies canadiennes minoritaires. Elle a connu différentes phases selon les communautés, comme nous le démontrent les historiens. Or il semble bien que nous soyons maintenant en présence d'un contexte inédit qui nous oblige à repenser les paramètres traditionnels de l'identité, axés jadis sur une communauté relativement homogène et géographiquement bien localisée. Le défi est tel qu'une approche interdisciplinaire s'impose de toute évidence. Outre l'apport des historiens susceptibles de retracer dans un passé lointain ou plus récent des éléments d'explication aux interrogations du présent, l'éclairage de la linguistique, de l'ethnologie, de l'analyse littéraire, de la géographie et de la sociologie s'impose pour développer un champ qui demeure relativement sous-développé : celui de l'analyse culturelle, considérée à la fois en fonction de la culture anthropologique (vision du monde), de la culture instituée (arts et lettres) et de la culture de masse (industries culturelles).

Parmi les vecteurs de l'identité francophone au Canada, la langue apparaît comme le plus fondamental et le plus significatif. Or les études démolinguistiques, si importantes soient-elles comme lecture de la situation, ne suffisent plus à expliquer les phénomènes d'identification à la langue française ou à sa désaffection. Il nous faut, de toute évidence, des analyses plus fines concernant les motivations des individus, en particulier les jeunes, et l'insertion de ces pratiques linguistiques dans des réseaux d'appartenance non limités au milieu scolaire. De telles études ont déjà été amorcées par les sociolinguistes et doivent se poursuivre avec la collaboration des géographes[8].

L'identité est également associée à la transmission de la culture par la famille, par l'école et par les institutions communautaires francophones. Dans ce processus, la mémoire collective et le patrimoine jouent un rôle essentiel. Depuis les années 1960 en particulier, les historiens et les ethnologues du Canada français et de l'Acadie ont œuvré à la sauvegarde de la mémoire collective et à la mise en valeur du patrimoine par la création d'inventaires, d'analyses et d'interprétations. Ils ont ainsi contribué à construire la *référence* des différentes communautés qui ont résulté de l'éclatement de l'ancien Canada français. Mais ils doivent maintenant s'interroger avec les sociologues sur la fonction sociale de ce patrimoine et de cette mémoire collective dans le contexte du pluralisme culturel contemporain, au moment où de nouveaux immigrants francophones issus de cultures différentes sollicitent une participation à la francophonie canadienne. Dès lors, comment faire en sorte qu'ils s'approprient une partie de cette histoire qu'ils ne considèrent pas la leur (Desdouits et Turgeon, 1997) ?

Une autre approche de l'identité revisitée concerne le rapport qu'il conviendrait d'établir entre la culture populaire et la culture instituée, plus particulièrement en ce qui concerne la production littéraire et artistique. François Paré a posé une question sans complaisance sur le rapport entre la

production culturelle et le public francophone, question qui évoque la difficile articulation entre la culture populaire et la culture instituée :

> jamais les cultures minoritaires au Canada francophone n'ont dis-
> posé de tant de moyens institutionnels de développement. Jamais
> non plus n'ont-elles eu à vivre aussi profondément l'effritement
> progressif des communautés mêmes que ces cultures tendaient à
> engendrer. La production culturelle peut-elle être dissociée de cette
> communauté ? C'est là, il me semble, la plus pressante des ques-
> tions (Paré, 1999, p. 509).

Cette rupture culturelle au sein des communautés entre les créateurs et
leur public nécessite qu'on s'y intéresse de toute urgence. Un élément d'explication tient sans doute à la tendance observée chez certains artistes et écrivains des nouvelles générations postérieures aux années 1970 à vouloir
refléter des préoccupations universelles à partir de leur lieu de création plutôt
que de rendre compte du lieu d'où ils produisent. Ils sont ainsi amenés à rejeter implicitement ou explicitement le régionalisme, le folklore et la tradition
au profit de la modernité, voire de la postmodernité. D'où le risque de rupture culturelle avec la culture populaire des communautés.

D'autres éléments d'explication sont à rechercher du côté du public lui-
même, de son profil socio-économique et des institutions qui transmettent ou
diffusent la culture, dont l'école et la famille en premier lieu. Mais l'environnement culturel global, majoritairement anglo-canadien et américain, dans
lequel baignent les communautés francophones n'est pas moins décisif dans
la construction de leur référence identitaire. À cet égard, ne faut-il pas regar-
der du côté de la culture de masse – et plus particulièrement de la télévision –
pour trouver un élément clé pouvant expliquer la rupture culturelle entre les
élites francophones et leur base communautaire ? Si l'écoute de la télévision
se fait majoritairement en anglais, faut-il se surprendre que les références culturelles du public francophone diffèrent de celles de ses élites ? Au Québec, la
télévision francophone, qui est écoutée par 70 % de la population – d'après
une enquête réalisée en 2001 –, constitue un puissant ferment de cohésion culturelle et sociale. Ce lien étroit entre la télévision française et le public québécois depuis son implantation au début des années 1950 a constitué un
puissant ferment d'identité et de changement culturel en faveur de la modernité. Cette étroite relation a rendu possible le développement et l'essor d'un
star system québécois déjà ébauché à l'époque de la radio. On a pu ainsi éviter
une rupture entre les élites artistiques et intellectuelles, d'une part, et la population québécoise, d'autre part.

De nouvelles recherches sur l'impact de la presse écrite, de la radio, de la
télévision et du réseau Internet s'imposent pour mieux connaître les pratiques de lecture et d'écoute des médias francophones en milieu minoritaire,
dans le prolongement du colloque organisé à Québec par l'Institut québécois
de recherche sur la culture en avril 1991 (Harvey, 1992). Mais au-delà des analyses statistiques, une approche plus fine, de type qualitatif, serait nécessaire

pour mieux cerner les valeurs, les motivations et les modèles sous-jacents aux pratiques observées.

En fin de compte, jeter un nouveau regard sur les problématiques de l'identité implique que l'on y intègre la multiplicité des appartenances, la communauté n'étant plus le seul lieu identitaire des francophones. En même temps, il importe d'élargir les paramètres constitutifs de l'identité communautaire pour inclure de nouveaux acteurs. À cet égard, la théorie des réseaux telle qu'on la retrouve dans les analyses de la géographe Anne Gilbert, du politologue Vincent Lemieux et du sociologue Manuel Castells constitue une piste intéressante à explorer pour renouveler la problématique de l'identité dans un monde régi par la complexité (Gilbert, 1999 ; Lemieux, 2000 ; Castells, 1998).

Les communautés et le pouvoir

La question du pouvoir, comme celle de la langue, est devenue centrale pour étudier la dynamique des communautés francophones minoritaires. Depuis les années 1970, la recherche politique a pris deux directions complémentaires. On s'est d'abord intéressé à l'autonomie interne des communautés par des études à caractère sociologique s'appuyant sur les notions évoquées plus haut de complétude institutionnelle, de mouvement nationalitaire, d'ethnicisation et de communauté d'histoire. Les communautés francophones étaient ainsi analysées, non seulement en tant que réalité sociologique mais en tant que véhicules d'un projet politique visant à solidifier leurs assises institutionnelles (Cardinal, Lapointe et Thériault, 1994, p. 110 ; Breton, 1983).

Par contre, les relations entre les communautés francophones et l'État fédéral, garant du financement de leur réseau associatif, ont été beaucoup moins étudiées, de même que la participation des francophones hors Québec à la vie politique canadienne à l'échelle fédérale ou provinciale, sauf dans le cas de certaines études historiques (Cardinal, 1999, p. 339). Il en va de même de la complexe question des relations entre les communautés francophones minoritaires et le Québec, dans le contexte des débats constitutionnels. À cet égard, Marcel Martel a montré la tendance des associations francophones hors Québec à appuyer le gouvernement fédéral et sa conception d'un pays bilingue, à l'encontre du néonationalisme québécois (Martel, 1997 ; Wallot, 2002). Depuis les années 1990, les ponts ont commencé à se rétablir entre le Québec et les communautés franco-canadiennes et acadiennes. Mais là aussi, de nouvelles études historiques et contemporaines s'imposeraient (Harvey et Beaulieu, 2000 ; Harvey, 2000a). Il en va de même de l'étude du positionnement des communautés francophones minoritaires coincées entre deux majorités, le Québec français et le Canada anglais. La dualité linguistique est-elle compatible avec la dualité sociétale ? Peut-on maîtriser à la fois deux références culturelles différentes, voire souvent contradictoires ? Voilà le dilemme pour les communautés francophones minoritaires qui refusent la seule voie de l'égalité linguistique des individus.

Enfin, la question du pouvoir ne saurait être envisagée sans ses prolongements du côté du droit. Pour corriger ses erreurs historiques, le gouvernement fédéral a inclus l'article 23 dans la Charte canadienne des droits et libertés de 1982, reconnaissant ainsi aux communautés francophones canadiennes minoritaires le droit de faire instruire leurs enfants en français aux niveaux primaire et secondaire et, qui plus est, dans des établissements d'enseignement gérés par eux et financés par des fonds publics, là où le nombre le justifie.

Au cours des années 1980, diverses lois ont été adoptées principalement au Nouveau-Brunswick et en Ontario dans la foulée des jugements de la Cour suprême, laquelle a interprété la Charte canadienne des droits et libertés dans un sens favorable au français. Ces jugements et ces lois ont ainsi accentué la tendance à la judiciarisation de la langue[9]. Du coup, le droit est devenu une discipline stratégique pour l'étude des communautés francophones. L'approche juridique qui préconise l'égalité linguistique du français et de l'anglais au Canada ne s'oppose pas pour autant, comme on aurait pu le craindre, à la quête d'autonomie institutionnelle à caractère communautaire valorisée par les études sociologiques. En cherchant à développer une interprétation généreuse des lois linguistiques, les juristes francophones considèrent que la Charte canadienne a l'obligation de protéger non seulement les individus qui parlent le français, mais également les supports institutionnels de cette langue (Cardinal, Lapointe et Thériault, 1994, p. 121). On peut néanmoins se demander si les effets politiques de la judiciarisation de la langue n'ont pas atteint leurs limites ; sans une base démolinguistique rétablie en faveur du français, l'obtention de droits linguistiques pourraient s'avérer sans objet dans l'avenir. Un essai publié récemment par Roger Bernard n'offre guère de perspectives optimistes à cet égard (1998).

Les études québécoises et les études sur les francophonies canadiennes minoritaires

Le développement d'un champ de recherche en sciences humaines reflète jusqu'à un certain point le contexte social dans lequel il évolue, même si les chercheurs se préoccupent de la nécessaire distance critique vis-à-vis de leur objet d'étude en s'appuyant sur diverses théories et méthodologies. Les chercheurs francophones du Canada n'ont pas échappé à cette réalité changeante au cours de la seconde moitié du XXe siècle.

À l'origine, il existait un champ unifié d'études sur le Canada français, comprenant l'Acadie et même la Nouvelle-Angleterre. Sociologues, historiens et géographes avaient coutume de considérer le Canada français comme un tout, même si la majorité des recherches réalisées au cours des années 1950 et 1960 concernaient le Québec (Harvey, 2000b). Chez les littéraires, l'institutionnalisation de la « littérature québécoise », qui a succédé à l'ancienne appellation de « littérature canadienne-française » au milieu des années 1960, a rompu cette tradition et a ainsi rendues « orphelines » les littératures francophones hors Québec. Un phénomène analogue a pu être observé du côté des historiens québécois, sous l'influence de l'École de Montréal ; mais cette rupture historiographique peut aussi s'expliquer par le déclin de l'histoire politique au profit de l'histoire économique et sociale au cours des années 1970-1990 et par l'émergence du champ d'études sur le Québec contemporain (depuis 1867), au détriment du régime français et du régime anglais. Cependant, d'autres disciplines ont poursuivi la tradition d'études sur le Canada français, comme en témoignent les travaux de l'anthropologue Marc-Adélard Tremblay et de l'ethnologue Jean-Claude Dupont sur la culture acadienne (Tremblay, 1971 ; Dupont, 1977), ceux des linguistes Claude Poirier, Gaston Dulong et Gaston Bergeron sur le parler populaire (1980) et ceux des géographes Dean Louder, Éric Waddell et Cécyle Trépanier sur l'Amérique française en général (1994). Parallèlement, on a pu noter un renouveau d'intérêt pour l'étude des Franco-Américains chez certains historiens québécois comme Yves Roby, Yves Frenette, Bruno Ramirez et Jacques Rouillard (Roby, 1990 ; Frenette, 2001 ; Ramirez, 1991 ; Rouillard, 1985). Il convient enfin de souligner la contribution du sociologue Fernand Dumont qui a rappelé que l'ancien Canada français s'est construit autour d'une *référence* identitaire[10] (1997).

De façon générale, on peut néanmoins affirmer que peu d'historiens, de géographes, de littéraires ou de spécialistes québécois en sciences sociales ont fait des francophonies canadiennes minoritaires un champ de recherche privilégié depuis les années 1970. Il faut cependant rappeler que la CEFAN de l'Université Laval, au moyen de ses séminaires et de ses publications, a servi de lien entre les chercheurs québécois et les chercheurs francophones hors Québec. Il en va de même du congrès annuel de l'ACFAS qui accueille depuis un certain nombre d'années des chercheurs universitaires en provenance des autres provinces canadiennes. Mais s'agit-il de parallélisme ou de participation intégrée aux champs de recherche développés au Québec dans les sciences humaines et dans les études québécoises en particulier ? Faudrait-il parler des deux solitudes scientifiques francophones au Canada ? Il reste en tout cas beaucoup de travail à faire pour rétablir les ponts entre la communauté scientifique du Québec et celle des communautés francophones minoritaires.

Parmi les voies possibles d'un tel rapprochement, la liste ci-dessous se veut un ensemble de suggestions :

1. Repenser l'espace francophone en Amérique du Nord en y intégrant à la fois le Québec, les francophonies canadiennes minoritaires et les francophones des États-Unis en fonction de la problématique des réseaux et de la continentalisation des échanges.

2. Développer l'étude des relations historiques et contemporaines entre le Québec et les communautés francophones et acadiennes au niveau de l'État et de la société civile.

3. Favoriser les analyses comparées autour d'objets de recherche communs ; par exemple, les jeunes.

4. Encourager des réflexions communes autour de questions théoriques ou méthodologiques telles que le pluralisme, le multi-linguisme, la citoyenneté, l'identité, l'américanité, la mondialisa-tion, la postmodernité...

5. Développer la recherche culturelle de part et d'autre en s'inté-ressant aux rapports entre les créateurs et leur public, et également au rôle de Montréal comme métropole culturelle du Québec et du Canada français.

6. Rajeunir les études sur la stratification sociale en établissant des comparaisons entre les contextes majoritaires et les contextes minoritaires.

7. Établir des comparaisons, sur le plan économique et social, entre les régions du Québec – plus particulièrement les régions périphériques – et les régions du Canada français et de l'Acadie, en particulier les régions frontalières avec le Québec.

8. Amorcer un vaste chantier de recherche sur les histoires régio-nales des communautés francophones et acadiennes, en s'inspi-rant du modèle des histoires régionales du Québec réalisées par l'INRS – Culture et Société, tout en l'adaptant au contexte minori-taire.

* * *

Au terme de cet essai sur la recherche concernant les communautés franco-phones minoritaires au Canada, on peut ainsi mesurer tout le chemin par-couru depuis les années 1970. Les assises institutionnelles de la recherche sont maintenant mieux assurées, même si elles demeurent fragiles en ce qui concerne le financement et le renouvellement d'un corps professoral vieillis-sant. Sur le plan épistémologique, le champ d'études sur les francophonies canadiennes minoritaires a franchi des étapes importantes vers la maturité par la réalisation de bilans critiques et l'amorce de débats théoriques. Son évolution n'a pas été sans liens, par ailleurs, avec les transformations générale-les qui ont eu des effets sur la société canadienne et les communautés franco-phones – y compris le Québec – depuis les années 1970. Les chercheurs qui s'intéressent à ce champ d'étude doivent relever de nouveaux défis. Outre la fragilisation constante des assises démolinguistiques des communautés fran-cophones, qui a des répercussions sur la dynamique sociale des communau-tés, des questions déterminantes se posent pour l'avenir. Parmi celles-ci, l'identité francophone en milieu urbain, la transmission de la culture aux nouvelles générations, la multiplicité des appartenances dans un contexte de complexité et l'avenir des petites sociétés et de la diversité culturelle dans un contexte de mondialisation ne sont pas les moindres.

BIBLIOGRAPHIE

ALLAIN, Greg et Maurice BASQUE (2001), *De la survivance à l'effervescence : portrait historique et sociologique de la communauté acadienne et francophone de Saint-Jean, Nouveau-Brunswick*, Saint-Jean, Association régionale de la communauté francophone de Saint-Jean, 299 p.

ALLAIRE, Gratien et Anne GILBERT (dir.) (1998), *Francophonies plurielles*, Sudbury, Institut franco-ontarien, 316 p.

BASQUE, Maurice, Isabelle McKEE-ALLAIN *et al.* (dir.) (2000), *L'Acadie au féminin. Un regard multidisciplinaire sur les Acadiennes et les Cadiennes*, Moncton, Université de Moncton, Chaire d'études acadiennes, 345 p.

BERNARD, Roger (1990), *Le déclin d'une culture. Recherche, analyse et bibliographie. Francophonie hors Québec, 1980-1989*, Livre I de *Vision d'avenir*, Ottawa, Fédération des jeunes Canadiens français, 198 p.

BERNARD, Roger (1998), *Le Canada français : entre mythe et utopie*, Ottawa, Le Nordir, 238 p.

BRETON, Raymond (1983), « La communauté ethnique, communauté politique », *Sociologie et sociétés*, vol. 15, n° 2, p. 23-37.

CARDINAL, Linda (dir.) (1993), *Une langue qui pense. La recherche en milieu minoritaire francophone au Canada*, Ottawa, Presses de l'Université d'Ottawa, 182 p. Première partie : « Femmes, travail et éducation », p. 9-62.

CARDINAL, Linda (1999), « La vie politique et les francophones hors Québec », dans Joseph-Yvon Thériault (dir.), *Francophonies minoritaires au Canada. L'état des lieux*, Moncton, Éditions d'Acadie, p. 325-342.

CARDINAL, Linda et Jean LAPOINTE (1990), « La sociologie des Francophones hors Québec : un parti-pris pour l'autonomie », *Canadian Ethnic Studies*, vol. 22, n° 1, p. 48-60.

CARDINAL, Linda, Jean LAPOINTE et Joseph-Yvon THÉRIAULT (1994), *État de la recherche sur les communautés francophones hors Québec, 1980-1990*, Ottawa, Université d'Ottawa, CRCCF, 201 p.

CASTELLS, Manuel (1998), *La société en réseaux. L'ère de l'information*, Paris, Fayard, 613 p.

CAZABON, Benoît (dir.) (1996), *Pour un espace de recherche au Canada français. Discours, objets et méthodes*, Ottawa, Presses de l'Université d'Ottawa, 283 p.

CENTRE D'ÉTUDES FRANCO-CANADIENNES DE L'OUEST (CEFCO) (1982), *L'état de la recherche et de la vie française dans l'Ouest canadien*, 2e colloque du CEFCO, Edmonton, Faculté Saint-Jean.

CENTRE DE RECHERCHE EN CIVILISATION CANADIENNE-FRANÇAISE (CRCCF) (1975), *Colloque sur la situation de la recherche sur la vie française en Ontario*, Ottawa, CRCCF et ACFAS, 279 p.

CENTRE DE RECHERCHE EN CIVILISATION CANADIENNE-FRANÇAISE (CRCCF) (1977), *Archives et recherches régionales au Canada français*, Actes du colloque tenu à l'Université d'Ottawa les 17 et 18 février 1977, Montréal, ACFAS et CRCCF, 169 p.

COTNAM, Jacques, Yves FRENETTE et Agnès WHITFIELD (dir.) (1995), *La francophonie ontarienne. Bilan et perspectives de recherche*, Ottawa, Le Nordir, 364 p.

COUTURIER, Jacques-Paul et Phyllis E. LEBLANC (dir.) (1996), *Économie et société en Acadie, 1850-1950 : nouvelles études d'histoire acadienne*, Moncton, Éditions d'Acadie.

DAIGLE, Jean (dir.) (1993), *L'Acadie des Maritimes. Études thématiques des débuts à nos jours*, Moncton, Université de Moncton, Chaire d'études acadiennes, 909 p. (1re éd., 1980)

DENIS, Claude (1993), « Discours sociologiques et francophonie minoritaire au Canada : réflexions sur un espace paradoxal », *Cahiers franco-canadiens de l'Ouest*, vol. 5, n° 2 (automne), p. 285-300.

DENIS, Wilfrid B. (1993), « La sociologie dans l'Ouest canadien : théorie et pratiques », *Cahiers franco-canadiens de l'Ouest*, vol. 5, n° 2 (automne), p. 138-146.

DESDOUITS, Anne-Marie et Laurier TURGEON (dir.) (1997), *Ethnologies francophones de l'Amérique et d'ailleurs*, Sainte-Foy, Presses de l'Université Laval, 355 p.

DIONNE, René (dir.) (1983), *Quatre siècles d'identité canadienne : actes d'un colloque tenu au CRCCF de l'Université d'Ottawa, le 23 octobre 1981*, Montréal, Bellarmin, 176 p.

DUMONT, Fernand (1993), *Genèse de la société québécoise*, Montréal, Boréal, 397 p.

DUMONT, Fernand (1997), « Essor et déclin du Canada français », *Recherches sociographiques*, vol. 38, n° 3, p. 419-467.

DUPONT, Jean-Claude (1977), *Héritage d'Acadie*, Montréal, Leméac, 376 p.

FÉDÉRATION DES COMMUNAUTÉS FRANCOPHONES ET ACADIENNE (1991-1992), *Dessein 2000*, Ottawa, FCFA, 3 vol. (Rapport).

FÉDÉRATION DES FRANCOPHONES HORS QUÉBEC (1977), *Les héritiers de Lord Durham*, Ottawa, FFHQ, 2 vol. (Rapport).

FÉDÉRATION DES FRANCOPHONES HORS QUÉBEC (1982), *Colloque national en économie : rapport et documents, 7, 8, 9 mai 1982*, [Ottawa], FFHQ.

FÉDÉRATION DES JEUNES CANADIENS FRANÇAIS (1990), *Vision d'avenir*, Ottawa, FJCF, 4 vol. (Rapport).

FRENETTE, Yves (2001), *Les francophones de la Nouvelle-Angleterre, 1524-2000*, Montréal, INRS-Urbanisation, culture et société, 72 p.

GILBERT, Anne (1999), *Espaces franco-ontariens*, Ottawa, Le Nordir, 198 p.

GRISÉ, Yolande (dir.) (1995), *États généraux de la recherche sur la francophonie à l'extérieur du Québec*, Ottawa, Presses de l'Université d'Ottawa, coll. « Actexpress », 283 p.

HARVEY, Fernand (dir.) (1992), *Médias francophones hors Québec et identité. Analyses, essais et témoignages*, Québec, Éditions de l'IQRC, 356 p.

HARVEY, Fernand (2000a), « Les minorités francophones : un intérêt retrouvé », dans Roch CÔTÉ (dir.), *Québec 2001*, Montréal, Fides, p. 180-185.

HARVEY, Fernand (2000b), « Les historiens canadiens-français et l'Acadie, 1859-1960 », dans Fernand HARVEY et Gérard BEAULIEU (dir.), *Les relations entre le Québec et l'Acadie, 1880-2000. De la tradition à la modernité*, Sainte-Foy et Moncton, Éditions de l'IQRC et Éditions d'Acadie, p. 19-48.

HARVEY, Fernand et Gérard BEAULIEU (dir.) (2000), *Les relations entre le Québec et l'Acadie, 1880-2000. De la tradition à la modernité*, Sainte-Foy et Moncton, Éditions de l'IQRC et Éditions d'Acadie, 295 p.

JAENEN, Cornelius (dir.) (1993), *Les Franco-Ontariens*, Ottawa, Presses de l'Université d'Ottawa.

LAPOINTE, Jean et Joseph-Yvon THÉRIAULT (1984), *D'une question linguistique à un problème sociétal. Revue de la littérature sur la francophonie hors Québec*, Ottawa, Secrétariat d'État du Canada, 172 p.

LEMIEUX, Vincent (2000), *À qui servent les réseaux sociaux ?*, Sainte-Foy, Éditions de l'IQRC, coll. « Diagnostic », 109 p.

LOUDER, Dean, Cécyle TRÉPANIER et Éric WADDELL (1994), « La francophonie nord-américaine : mise en place et processus de diffusion géo-historique », dans Claude POIRIER (dir.) *Langue, espace, société. Les variétés du français en Amérique du Nord*, Sainte-Foy, PUL, p. 185-202.

MARTEL, Marcel (1997), *Le deuil d'un pays imaginé : rêves, luttes et déroute du Canada français*, Ottawa, Presses de l'Université d'Ottawa, 203 p.

PARÉ, François (1992), *Les littératures de l'exiguïté*, Hearst, Le Nordir.

PARÉ, François (1999), « Vers un discours de l'irrémédiable : les cultures francophones minoritaires au Canada », dans Joseph-Yvon THÉRIAULT (dir.), *Francophonies minoritaires au Canada. L'état des lieux*, Moncton, Éditions d'Acadie, p. 497-510.

POIRIER, Claude (dir.) (1994), *Langue, espace, société. Les variétés du français en Amérique du Nord*, Sainte-Foy, PUL, coll. « CEFAN», 489 p.

POIRIER, Claude, Gaston DULONG et Gaston BERGERON (1980), *Le parler populaire du Québec et de ses régions voisines*, Québec, Éditeur officiel du Québec, 10 vol.

RAMIREZ, Bruno (1991), *Par monts et par vaux : migrants canadiens-français et italiens dans l'économie nord-atlantique, 1860-1914*, Montréal, Boréal, 204 p.

ROBY, Yves (1990), *Les Franco-Américains de la Nouvelle-Angleterre 1776-1830*, Québec, Septentrion, 434 p.

ROUILLARD, Jacques (1985), *Ah les États ! Les travailleurs canadiens-français dans l'industrie textile de la Nouvelle Angleterre*, Montréal, Boréal, 155 p.

THÉRIAULT, Joseph-Yvon (dir.) (1999), *Francophonies minoritaires au Canada. L'état des lieux*, Moncton, Éditions d'Acadie, 578 p.

TREMBLAY, Marc-Adélard (1971), *Famille et parenté en Acadie*, Ottawa, Musée national de l'Homme, 160 p.

VIGNEAULT, Robert (dir.) (1977), *Langue, littérature, culture au Canada français* (Conférences Georges P. Vanier 1977), Ottawa, Éditions de l'Université d'Ottawa, coll. « Cahiers du CRCCF ».

WALLOT, Jean-Pierre (dir.) (2002, à paraître), *Le débat qui n'a pas eu lieu : le rapport de la Commission Pepin-Robarts quelque vingt ans après. Actes du colloque du CRCCF tenu à l'Université d'Ottawa, les 16 et 17 mars 2001*, Ottawa, Centre de recherche en civilisation canadienne-française et PUO.

NOTES

* Une version abrégée de ce texte est parue dans *L'année francophone internationale*, 2001.

1. Voir à ce sujet les études réalisées par Patrimoine Canada : <www.pch.gc.ca/pubs/pub-langoff.htm> ; et par le Commissariat aux langues officielles du Canada : <www.ocol-colo.gc.ca/7f.htm>.

2. Citons ici quelques rapports importants : *Les héritiers de Lord Durham*, 2 vol., Ottawa, Fédération des francophones hors Québec, 1977 ; *Vision d'avenir*, 4 vol., Ottawa, Fédération des jeunes Canadiens français, 1990 ; *Dessein 2000*, 3 vol., Ottawa, Fédération des communautés francophones et acadienne, 1991-1992.

3. L'Institut franco-ontarien a publié des ouvrages et des actes de colloque dans sa collection « Fleur-de-trille ». Du côté de l'Université de Moncton, le Centre d'études acadiennes compte quelque 42 titres publiés depuis 1970, principalement des guides et instruments de travail, alors que la Chaire d'études acadiennes a publié une vingtaine d'études depuis sa création en 1982 : <www.umoncton.ca/etudeacadiennes/chaire/publi.html>.

4. Un bilan analogue, quoique divergent sur certains aspects, a également été publié par Roger Bernard (1990), *Le déclin d'une culture. Recherche, analyse et bibliographie. Francophonie hors Québec, 1980-1989*, Livre I de *Vision d'avenir*, Ottawa, Fédération des jeunes Canadiens français, 198 p.

5. Outre le bilan de Cardinal, Lapointe et Thériault et celui de Roger Bernard cités précédemment, mentionnons : Cotnam, Frenette et Whitfield (1995) ; Cazabon (1996, 1993) ; Grisé (1995) ; Allaire et Gilbert (1998).

6. Voir à ce sujet la liste des publications des chercheurs du Centre de recherche en éducation franco-ontarienne : <www.oise.utoronto.ca/crefo>.

7. Cette section de mon analyse s'inspire principalement de l'*État de la recherche sur les communautés francophones hors Québec 1980-1990*, réalisé par Linda Cardinal, Jean Lapointe et Joseph-Yvon Thériault (1994), Ottawa, Université d'Ottawa, CRCCF, 201 p.

8. Voir à ce sujet la cartographie linguistique réalisée par Anne Gilbert et André Langlois, de l'Université d'Ottawa, en collaboration avec la FCFA : <http://langlois.geog.uottawa.ca/atlasfr>. Voir aussi les cartes linguistiques réalisées par l'équipe de Dean Louder à l'Université Laval : <http://www.fl.ulaval.ca/cefan/franco>.

9. Pour l'Ontario : la loi de 1984 sur les tribunaux judiciaires reconnaît le statut de langue officielle au français ; les modifications à la Loi sur l'éducation en 1984 (droit à l'éducation en français) et en 1986 (financement aux écoles secondaires séparées), la loi 8 sur les services en français. Pour le Nouveau-Brunswick : la Loi sur les langues officielles de 1969 ; la loi 88 reconnaissant l'égalité des deux communautés linguistiques dans la province en 1982. Pour plus de détails sur les récentes lois linguistiques et scolaires : Joseph-Yvon Thériault (1999), *Francophonies minoritaires au Canada...*, *op. cit.*, p. 305-323 ; 401-495.

10. Fernand Dumont (1997), « Essor et déclin du Canada français », *Recherches sociographiques*, vol. 38, n° 3, p. 419-467. Publié peu de temps avant la mort de l'auteur, cet article devait constituer le premier chapitre d'un ouvrage qui aurait constitué la suite de *Genèse de la société québécoise*, Montréal, Boréal, 1993, 397 p.

LE FRANÇAIS À PARKTON : DE LA *BACK YARD*[1] AU CENTRE D'APPEL

Annette Boudreau
et Lise Dubois
Université de Moncton

Au cœur du volet sociolinguistique de l'étude sur Parkton[2] qui est présentée ici se trouve le français : le français comme objet de mobilisation politique et sociale des francophones, les répercussions de cette mobilisation sur son usage et les représentations entourant le français dans toutes ses dimensions d'usage.

En prenant comme exemple l'étude de l'évolution du français dans le quartier de Parkton (Moncton), nous pensons pouvoir cerner les changements considérables qu'a connus le français du Nouveau-Brunswick dans son ensemble depuis une cinquantaine d'années, tant du point de vue de la forme que du point de vue du statut et de l'étendue de son usage. Langue jadis limitée aux domaines de la vie quotidienne, langue sans reconnaissance officielle parlée par une minorité souvent défavorisée sur les plans économique et social, le français au Nouveau-Brunswick est devenu une langue officielle ayant un statut d'égalité avec l'anglais, une langue dont l'usage s'est répandu dans des institutions, des milieux et des domaines desquels il avait été exclu pendant longtemps. Cependant, l'introduction du français dans les sphères de l'activité politique, sociale et économique ne s'est pas opérée sans heurt, tant au sein de la société de langue française que de celle de langue anglaise. Aujourd'hui, à l'ère de la mondialisation, les francophones participent de plus en plus à des réseaux économiques et politiques internationaux, et cette participation accrue ne peut qu'avoir des répercussions non seulement sur la place du français du Nouveau-Brunswick au sein de ces réseaux, mais aussi sur les pratiques langagières des francophones eux-mêmes. Selon les termes de Monica Heller, « les francophones se transforment en transformant le monde qui les entoure[3] ».

Quant aux représentations linguistiques, elles désignent les idées, préjugés ou images que les locuteurs d'une langue se font à l'égard de leur langue, de leur parler ou d'une autre langue, d'un autre parler. Les études en sociolinguistique montrent que les représentations linguistiques sont de puissants facteurs de progrès, de maintien ou même d'abandon d'une langue.

Méthodologie

Aux fins de cette étude sur l'évolution du français vue par le prisme de Parkton et sur les représentations linguistiques des résidants du quartier, nous nous sommes fondées sur des entrevues faites par l'équipe de recherche avec des résidants, anciens ou actuels, du quartier en question et sur des émissions radiophoniques sur Parkton réalisées par l'équipe de *Temps d'arrêt* de Radio-Canada Atlantique. Vingt-six personnes, soit seize femmes et dix hommes, ont été interviewées, la plupart par deux personnes engagées dans la recherche, une professeure et une assistante de recherche. Parmi les témoins, dix-huit ont été choisis au hasard, deux ont été choisis parce qu'ils avaient vécu une trajectoire personnelle intéressante et les six autres ont été retenus à la suite de leur témoignage diffusé à la radio de Radio-Canada Atlantique dans le cadre des émissions produites sur Parkton, parce que leurs propos s'inscrivaient particulièrement bien dans la problématique identitaire liée à la langue. L'âge des témoins varie entre 23 et 91 ans.

Nous avons constaté que le partage des entrevues selon les générations illustrait le mieux les transformations en ce qui concerne la place du français dans la vie des habitants et dans la société néo-brunswickoise en général. Nous avons donc classé les entrevues selon trois grandes catégories, plus ou moins étanches : d'abord, la génération des premiers arrivants à Parkton ; puis, la génération de ceux qui y sont nés, qui y ont été scolarisés et qui, dans certains cas, y habitent toujours, génération qui se situe aujourd'hui dans la tranche d'âge des plus de 50 ans ; enfin, la troisième génération englobe des personnes qui sont à l'heure actuelle soit au début ou au plein cœur de leur vie professionnelle. Ce découpage par générations correspond *grosso modo* à trois étapes importantes de la vie du français en Acadie : le français, langue de la minorité, évoluant comme langue « Low » dans un rapport diglossique avec la langue de la majorité – l'anglais, en l'occurrence ; le français, objet de revendications identitaires, sociales et politiques qui mènent à l'expansion des domaines d'utilisation du français ; et, enfin, le français, langue de travail pour un nombre croissant de francophones et dont la connaissance se transforme en compétence monnayable tant à l'intérieur qu'à l'extérieur de la communauté[4].

Nous avons choisi de ne présenter qu'un seul témoin par génération pour illustrer d'abord la place grandissante du français dans la vie des résidants sur trois générations, puis les différences dans les représentations qu'entraîne cette évolution.

Le français à travers les générations à Parkton

La première génération : les premiers arrivants

Attirés à Moncton par les emplois, les premiers arrivants à Parkton venaient surtout de la campagne environnante. À l'époque, c'est-à-dire dans les années qui sont suivi la Seconde Guerre mondiale, Moncton était un centre ferroviaire important où l'un des principaux employeurs était la société *Canadian National* (le CN). Parkton est venu à être connu sous le nom de *French Village* par les anglophones.

Les témoins de cette génération sont très peu scolarisés. Premièrement, la majorité d'entre eux avaient peu de moyens financiers ; ensuite, il était inhabituel d'aller à l'école longtemps (il fallait travailler pour aider la famille) ; finalement, il n'existait pas d'école secondaire française à Moncton. Même l'enseignement au primaire était donné en anglais dans le premier quart du siècle.

La nette distribution des deux langues, soit le français et l'anglais, selon les domaines d'utilisation ressort clairement dans les propos des témoins qui font partie de la génération fondatrice de Parkton. Ainsi le français était réservé aux activités familiales, paroissiales et scolaires. L'anglais était reconnu comme langue du travail, surtout dans ce quartier ouvrier, langue des échanges commerciaux, langue des soins de santé dans certains cas et langue de l'État.

Ce net partage des domaines d'utilisation était caractéristique des collectivités de langue française à l'extérieur du Québec avant la Révolution tranquille. En effet, ces communautés francophones urbanisées depuis peu se trouvaient en quelque sorte marginalisées par rapport à la société anglophone dominante, ou du moins dans une situation socio-économique nettement inférieure. Ainsi, ces communautés ont cherché à tisser des liens internes serrés, ce qui s'est fait à Parkton, comme dans de nombreuses communautés francophones au Canada, au moyen de la paroisse francophone (Notre-Dame-de-Grâce) et, dans une moindre mesure, de l'école.

Cette structure sociale n'est pas sans avoir eu d'effets sur les représentations que les résidants avaient de leur langue. Par exemple, voici un extrait d'un des témoins de cette première génération :

> nos ancêtres là / les parents même là / si t'essayais de parler le bon français là / ils se moquaient de ça / parce qu'eux autres c'était du chiac constamment / un mot en français un mot en anglais

Dans cette citation, l'informateur fait allusion aux pressions communautaires exercées pour que tout le monde s'exprime de la même façon. James Milroy (1992) a nommé « norme de consensus » du groupe (*consensus norm*[5]) celle qui guide et dicte les pratiques linguistiques d'une communauté particulière, norme plus ou moins éloignée de la norme prescriptive selon la force cohésive de la communauté. Cette norme détermine fortement le vernaculaire d'une communauté ; plus les liens sont serrés à l'intérieur de la communauté, plus les normes linguistiques y sont immuables. En effet, les lois qui régissent les comportements linguistiques à l'intérieur d'un groupe sont souvent aussi codées que les normes officielles ; les membres d'une petite communauté ne sont pas toujours libres de parler comme ils le veulent. Comme l'utilisation du français était limitée à la sphère privée de l'activité humaine, le répertoire de la langue était lui-même réduit, ce qui impliquait que toute transgression par rapport à la norme communautaire était sanctionnée socialement. Le conformisme linguistique s'imposait. Ce témoin ajoute dans la conversation qu'aujourd'hui, il essaie de parler le bon français mais que c'est difficile pour lui. Il y a donc chez lui, selon les termes de Bourdieu, « reconnaissance sans connaissance[6] ».

La deuxième génération

Plusieurs événements importants dans l'histoire du français et de la société francophone canadienne et acadienne, tant sur le plan national que sur le plan provincial ou local, ont marqué l'enfance et l'adolescence des répondants qui font partie de ce deuxième groupe. Tout en s'inscrivant dans un mouvement mondial de reconnaissance des minorités[7], ces événements sont aussi le fruit de la mobilisation politique et sociale des francophones canadiens. Nul besoin de les rappeler ici.

Toujours est-il que les revendications des Acadiennes et Acadiens à la fois pour une plus grande place dans les institutions politiques (par exemple, la fonction publique) et pour des institutions qui leur appartiennent (soit dans les domaines de l'éducation et des soins de santé) ont en grande partie porté fruit. Par conséquent, leur langue devait « composer avec les nouvelles réalités[8] » : l'expansion du nombre de domaines d'utilisation du français en Acadie et ailleurs au Canada, c'est-à-dire l'introduction du français dans des domaines d'où il était exclu, a nécessairement entraîné des changements sur le plan linguistique pour lui permettre de répondre aux exigences de la communication moderne. Ces changements vont notamment de la mise au point ou de la création et de l'implantation de terminologies plus ou moins techniques pour désigner en français les choses qu'on désignait jusqu'alors en anglais à la réduction des formes concurrentes pour favoriser la standardisation, en passant par la diversification registrale dans le but d'adapter le style à la situation de communication, c'est-à-dire l'acquisition de « styles » qui conviennent à des situations de communication débordant le cadre conversationnel avec les proches.

Les changements qu'opère une langue dans sa recherche de l'adéquation entre les besoins communicationnels croissants des locuteurs et les styles linguistiques ne sont pas implantés du jour au lendemain dans l'usage ni dans les pratiques d'une communauté linguistique sans occasionner plusieurs types de réactions : ou bien on les adopte, ou bien on y oppose une certaine résistance, voire un rejet catégorique, ou bien on se sent aliéné devant la nouvelle forme. Les habitants de Parkton, où règne une forte norme de consensus, éprouvent pour la plupart une certaine aliénation lorsqu'ils sont confrontés au registre formel ou officiel. Ainsi, par exemple, l'un des témoins de la deuxième génération raconte son étonnement devant la variété du français dans les nouveaux manuels scolaires de langue française à l'école Vanier, manuels scolaires obtenus à coup de manifestations publiques et de pressions exercées sur le conseil scolaire anglophone :

> ben je m'en rappelle quand on s'avait battu nous autres pour nos livres francophones [...] on avait fait des marches / ah oui pour que nos livres soient en français / pis une fois qu'on avait eu les livres français / on disait tout quoi ce qu'on a fait ça pour / parce que là on comprenait plus rien nous autres

Pour les témoins de la deuxième génération qui ont habité à Parkton longtemps, la transition a été difficile entre le français populaire et le français plus « légitime », celui des manuels scolaires par exemple, nécessaire à certaines fonctions sociales. Naturellement, tout dépend de la trajectoire personnelle et professionnelle de la personne. Cette même témoin qui avait manifesté pour obtenir des manuels français est venue, plus tard dans la vie, à exercer des fonctions exigeant un français formel : l'écart qu'elle ressent entre sa langue et la langue requise est grand et lui cause des problèmes. Pour elle, ceux qui parlent le français dit légitime font partie d'un autre monde :

> souvent je vais parler à des Acadiens par exemple à l'université [....] ou au centre X pis j'écoute les personnes parler français pis je me dis *geez* j'aimerais je pourrais parler comme ça *geez* j'aimerais ça je pourrais sortir ces mots-là / j'aimerais je pourrais faire ces phrases-là parce que je les ai pas

Elle fait part de la difficulté qu'elle a éprouvée devant l'acquisition de formes standard :

> je m'en rappelle un moment donné ils [Radio-Canada] voulaient me parler de la pauvreté pis faullit que j'apprenne un mot pis c'était une maison à prix modique / pis j'avais travaillé toute la mautadite après-midi pour apprendre un une maison à prix modique tu sais / fait que pour moi ç'a vraiment été un cheminement si tu veux

Sa vision de la norme est assez rigide en ce sens qu'elle n'en conçoit qu'une, ce qui agit fortement sur son sentiment d'insécurité linguistique manifeste. On peut donc affirmer, avec Bourdieu[9], que l'interaction qui a lieu durant un échange linguistique dépasse les bornes du linguistique. Si l'échange linguistique est en fait un échange symbolique où l'énoncé reçoit sa valeur selon des critères stylistiques ou esthétiques et non fonctionnels, le discours sera valorisé ou non. Le locuteur qui veut que ce qu'il a à dire ait un effet ou soit écouté adaptera son discours en fonction des critères qu'il croit susceptibles de rendre son discours acceptable, donc en fonction de sa relation sociale avec son interlocuteur. Ce phénomène, qui consiste à modifier son discours pour y obtenir des profits sur le marché linguistique, est le propre de ceux qui se sentent dominés et qui, dans un sens, acceptent cette domination. La situation est déjà difficile pour les locuteurs qui ressentent cette domination sans pour autant parler une langue qui s'éloigne du français légitimé ; elle est désastreuse pour une personne dont le français porte les traces très visibles d'un environnement anglophone. Or c'est exactement ce qui se passe dans le cas de notre témoin qui, sur le marché officiel, tente d'adopter des stratégies qui lui permettent de recourir à un discours pour en retirer les bénéfices, mais il y a douleur devant l'échec de ses manœuvres (ou du moins échec dans son esprit).

> après ça j'ai commencé à faire des conférences / et j'avais commencé un petit peu à améliorer mon français / mais dans mes conférences je sortais avec des mots que / dans mes conférences quand même c'était des professeurs pis c'était du monde avec le vocabulaire / pis euh je m'en rappelle un moment donné que il y a quelqu'un qu'avait fait / qu'avait ri de moi / c'était des francophones / pis je m'en rappelle euh reconduire au travail pis j'avais pleuré / parce que j'avais dit tu sais c'est pas de ma faute pis je fais l'effort / pis j'ai jamais oublié ça que j'avais pleuré parce que c'était des francophones qu'avaient ri de moi /

Elle ressent donc une dépossession de son être et un rejet par les siens de son identité linguistique.

La troisième génération

Les témoins classés dans la troisième génération sont ceux et celles qui ont pu profiter des gains marqués par les générations précédentes. En effet, ils ont grandi dans une société qui faisait de plus en plus de place à leur langue maternelle. Qui plus est, en raison du nombre croissant d'institutions acadiennes, les membres de cette génération, qu'ils soient originaires de Parkton ou non, pouvaient aspirer au travail en français, aspiration qui exerce sur les résidants de Parkton une pression particulière en les obligeant à acquérir d'autres registres de langue. En effet, selon une témoin de cette génération qui compte parmi les ressortissants de Parkton qui ont accédé aux études universitaires, c'est à l'école secondaire qu'elle se rend compte que le français de Parkton ne répond pas à tous ses besoins communicationnels :

> à arriver à [la polyvalente] comme étudiante euh c'était là que j'ai commencé à réaliser que / notre français de Parkton était pas le même que Memramcook il était pas le même pis ç'a été un grand réveil pour moi ça là / quand arrivée à l'université / bon ben ça c'est une autre histoire [...] arrivée à l'université j'avais vraiment l'impression que a mon français était pas adéquat

De toute évidence, les tensions demeurent entre les différents registres de langue chez les témoins de la troisième génération, mais elles ne sont pas vécues de la même façon. La vision d'une norme monolithique, la même pour tous et dans toutes les situations de communication, s'effrite. C'est uniquement dans cette tranche d'âge que l'on voit l'émergence d'une certaine contre-légitimité linguistique[10]. En effet, les témoins de cette génération n'acceptent pas aussi facilement que leur langue soit stigmatisée. Ils sont conscients de leurs lacunes, en vocabulaire surtout, mais ne souhaitent pas pour autant se départir de leur accent ou de certaines expressions archaïsantes typiques du milieu. La témoin cultive des représentations plus ou moins favorables sur sa langue et celle de son quartier, ce qui ne l'empêche pas de décider de prendre sa part du gâteau et de se dire que la langue française lui appartient autant qu'à tous ceux qui la parlent et qui viennent d'ailleurs.

> quand j'ai arrivé à l'université / pis j'entendais les gens dire ah ben les gens de Moncton ils parlent chiac ils parlent mal ils parlent cecitte ils parlent ça / pis là un bout de temps là j'étais comme / un peu blessée par ça / mais là après ça je m'ai révolté je me suis dit / 'garde / j'ai eu les mêmes livres que vous-autres / j'ai eu la même éducation que vous-autres pis c'est pas des gens d'Edmundston ou de Campbellton ou / Dieu sait où Saint-Basile ou n'importe où / qui va venir à Moncton pis me dire que dans mon milieu je suis pas capable de parler français / fait que cette / pis c'te révolte-là pour moi c'était très sain

Elle montre dans le passage suivant comment elle s'est lentement réappropriée sa langue, une langue française dont certains termes lui semblaient étrangers :

> ok là je me pratiquais pis là j'arrivais avec des mots pis j'avais des beaux mots / parce que mon vocabulaire a toujours été très très bon / à l'écrit / à l'oral je pensais ça sonnait assez bizarre sortir de ma bouche j'étais comme blabla / ça sonnait même pas comme des mots français finalement / les premières présentations que je faisais je pensais wouou moi j'ai dit ce mot-là pis / après un bout de temps ces mots-là ils ils deviennent presque comme / c'est comme c'est très naturel pour moi maintenant / dire ces mots-là / pis je m'en aperçois aussi que à force de les dire même avec mes parents / que mes parents sont rendus / mon père moi j'ai eu mes enfants là / pis mon père dit p'us des *trucks* / pis il dit p'us des *cars* / pis il dit p'us ces choses-là avec avec mes enfants / il va dire 'garde Julien 'garde le camion dehors / 'garde pis même l'autre soir il dit 'garde le camion remorque dehors j'ai manqué de crever juste là

Conclusion

L'examen des entrevues faites auprès de ces trois groupes de témoins révèle que la situation linguistique du quartier s'est radicalement modifiée depuis sa fondation : alors qu'il formait une enclave qui assurait la survie du français et de l'identité des francophones venus s'y installer à la fin des années 1940 et au début des années 1950, aujourd'hui sa population de langue française est beaucoup moins importante, malgré le fait que la langue française occupe indéniablement une plus grande place dans l'ensemble de la société néo-brunswickoise, la ville de Moncton comprise. C'est pourquoi certains résidants de cette dernière génération choisissent de le quitter pour vivre en français, comme l'exprime cette témoin en parlant d'un autre quartier de la ville reconnu pour son caractère français :

> c'est tout français pis on a décidé [...] on aimait plutôt ça là que
> d'aller dans un quartier où-ce que / tu sais là c'est plutôt anglais

On constatera que plus le français prend de la place dans la vie des gens, par exemple dans la vie professionnelle, plus on voudra l'utiliser dans les autres sphères de la vie.

NOTES

1. Le terme *back yard* dans notre titre vient d'un poème de Guy Arsenault, originaire de Parkton, intitulé *Tableau de back yard*, dans lequel le poète évoque le paysage et la vie quotidienne de Parkton (Guy Arsenault, *Acadie Rock*, Moncton, Éditions Perce-Neige [édition revue et augmentée], 1994, p. 39-48).

2. Le projet « Parkton » comporte une étude multidisciplinaire sur le quartier ouvrier du même nom, qui fait partie de la ville de Moncton et où habitait pendant près d'une trentaine d'années (1950-1980) une forte concentration d'Acadiens. L'équipe regroupe Guylaine Poissant (sociologie), Phyllis LeBlanc (histoire), ainsi qu'Annette Boudreau et Lise Dubois (codirectrices du Centre de recherche en linguistique appliquée), toutes professeures à l'Université de Moncton.

3. Monica Heller, « Langue et identité : l'analyse anthropologique du français canadien », dans Jürgen Erfurt (dir.), *De la polyphonie à la symphonie. Méthodes, théories et faits de la recherche pluridisciplinaire sur le français du Canada*, Leipzig, Leipziger Universitätsverlag, p. 22.

4. Depuis les années 1990, la ville de Moncton est devenue la « capitale » des centres d'appel. En effet, en 2000, on en comptait plus de 40. Ces centres d'appel, qui desservent souvent un large territoire, misent sur le bilinguisme de la population monctonienne.

5. James Milroy, *Linguistic Variation and Change*, Oxford, Blackwell Publishers, 1992.

6. Pierre Bourdieu, *Ce que parler veut dire : l'économie des échanges linguistiques*, Paris, Fayot, 1992.

7. William F. Mackey, *Bilinguisme et contact des langues*, Paris, Éditions Klincksieck, 1976.

8. Heller, « Langue et identité ».

9. Bourdieu, *Ce que parler veut dire*.

10. Plusieurs auteurs ont écrit sur la contre-légitimité linguistique : Bourdieu, *Ce que parler veut dire* ; William Labov, *La sociolinguistique*, Paris, Éditions de Minuit, p. 24 ; Gabriel Manessy, « Vernacularité, vernacularisation », dans Didier de Robillard et Michel Beniamo, *Le français dans l'espace francophone*, Paris, Champion, p. 407-417 ; Milroy, *Linguistic Variation*, p. 210. La contre-légitimité linguistique se définit comme la prise de conscience chez les locuteurs de la spécificité de leur langue et du fait qu'elle est reconnue comme variété distincte ; la contre-légitimité s'exprime souvent par les artistes, par exemple, dans la poésie ou la chanson.

LA COMMUNAUTÉ FRANCOPHONE DE SAINT-JEAN, NOUVEAU-BRUNSWICK : DE LA SURVIVANCE À L'AFFIRMATION !

Greg Allain
Université de Moncton

L'existence d'une communauté francophone à Saint-Jean a longtemps été le secret le mieux gardé de la province ! Jusqu'à récemment, peu de gens soupçonnaient la présence d'une telle communauté dans *le* grand centre industriel du Nouveau-Brunswick[1], qui constitue également le plus important pôle urbain de la province. On sait que Saint-Jean est aussi connue comme « la ville loyaliste » (Gagnon, 1993), c'est-à-dire très anglophone et très traditionnelle, ce qui a présenté historiquement tout un défi pour les francophones, qui compteraient entre 5 % et 10 % de la population métropolitaine[2].

Mais les choses sont en train de changer pour la communauté francophone du Grand Saint-Jean. Celle-ci a accompli des pas de géant depuis une vingtaine d'années et se fait connaître de plus en plus à l'échelle provinciale et même nationale. L'observateur attentif sera surpris de sa cohésion, de son dynamisme, de sa vitalité. Un second regard lui permettra de constater que derrière cette effervescence et cette affirmation relativement récentes se cachent une présence et un enracinement qui ne datent pas d'hier.

Le présent texte synthétise les résultats d'une recherche de l'auteur. Amorcée au printemps 1998, celle-ci vient d'être publiée dans un ouvrage comprenant également une analyse historique de la part d'un collègue acadien (voir Allain et Basque, 2001)[3]. Cette publication coïncide avec les célébrations marquant le quinzième anniversaire de l'ouverture officielle du Centre scolaire-communautaire Samuel-de-Champlain[4], en 1985, une infrastructure clé au service des francophones de Saint-Jean obtenue au terme d'une lutte épique de plusieurs années.

Le cas de Saint-Jean n'est pas unique : d'autres communautés francophones minoritaires ont connu un parcours semblable, chacune ayant ses spécificités propres, bien sûr : au Nouveau-Brunswick, celles de Fredericton et de Miramichi en seraient des exemples. On retrouve des situations semblables ailleurs au Canada également : que ce soit le groupe francophone à Halifax-Dartmouth, en Nouvelle-Écosse, ou des communautés francophones en Ontario ou dans l'Ouest, d'autres collectivités ont effectué des trajectoires similaires, et leur expérience a fait l'objet de recherches et de livres[5]. Aucune étude semblable n'a été publiée sur la situation des francophones à Saint-

Jean : il s'agit pourtant là d'un exemple éclairant de résistance et d'affirmation collectives. Notre travail vise à combler cette lacune.

Après quelques considérations méthodologiques, nous présenterons les perspectives socio-démographiques de la communauté francophone de Saint-Jean, actuellement en pleine transition, et dégagerons les grandes lignes de son évolution au cours du dernier quart de siècle. Nous traiterons enfin du réseau associatif très dynamique qui l'anime, pour conclure sur les apports de cette communauté à son environnement métropolitain et sur les défis qui se présentent à elle en ce début de siècle.

Brève note méthodologique

L'étude de cas est particulièrement appropriée pour traiter de réalités peu connues ; elle permet l'analyse en profondeur d'un phénomène, moins facile à réaliser par la recherche comparative et quantitative (Gauthier, 1997, p. 131-132 ; Jackson, 1999, p. 153-154). Bien sûr, on reproche souvent aux études de cas – et c'est l'envers de leur grande qualité – le fait qu'il est souvent difficile de généraliser leurs conclusions. Pour assurer une meilleure validité des données recueillies dans une monographie, les méthodologues recommandent de faire appel à la « triangulation », c'est-à-dire de recourir à plusieurs techniques de collecte d'information (Hessler, 1992, p. 197). C'est ce que nous avons fait, en complétant les 31 entrevues en profondeur avec des informateurs et des informatrices clés, effectuées principalement à l'été 1998, par une analyse documentaire fouillée et des séances d'observation de diverses activités communautaires en 1998 et en 1999.

Précisons d'abord les motivations qui sous-tendent cette recherche : elles sont au nombre de trois. La première a trait à l'approche méthodologique globale à privilégier. En sociologie, tous connaissent le fameux débat qui a fait rage depuis les années 1950 entre partisans d'une approche quantitative, macrosociologique, et ceux d'une approche qualitative, microsociologique. Dans notre chapitre sur « La société acadienne : lectures et conjonctures », dans l'ouvrage *L'Acadie des Maritimes*, nous soulignions l'importance de mener, parallèlement aux analyses « macro », toujours pertinentes, des analyses « micro » pour mieux saisir le tissu organisationnel, associatif, communautaire, dans toutes ses nuances et sa diversité, afin de mieux refléter les milieux et leur quotidienneté (Allain, McKee-Allain et Thériault, 1993 ; voir aussi Thériault, 1995).

La seconde motivation provient de la nouvelle perspective adoptée pour aborder les groupes culturels minoritaires, et particulièrement les francophonies canadiennes minoritaires. Deux spécialistes du domaine, Jean Lapointe et J.-Yvon Thériault, affirmaient récemment que si les études classiques insistaient sur les différences et les écarts séparant ces groupes de la société majoritaire, et confirmaient souvent ainsi leur marginalité, une approche plus contemporaine consisterait à dégager les facettes modernes de l'identité des groupes minoritaires et leur contribution originale au développement de la société globale. Dans leur chapitre de l'ouvrage synthèse *Francophonies mino-ritaires au Canada : l'état des lieux*, les deux sociologues font justement remar-quer que :

> Les groupes minoritaires ne sont pas des réalités marginales, mal adaptées aux impératifs de la modernité. Leur présence et leur re-vendication sont le signe de la permanence d'un besoin d'identité que réussissent mal à satisfaire les logiques instrumentales des grandes institutions modernes. Bien plus, en offrant à leurs mem-bres un ensemble de valeurs, les communautés culturelles minoritaires participent à la rationalité culturelle moderne, c'est-à-dire qu'elles présentent aux individus une multiplicité de choix de styles de vie (Lapointe et Thériault, 1999, p. 203).

Les auteurs poursuivent en appliquant ces principes aux francophonies minoritaires au Canada :

> Ce qui est vrai pour la sociologie des groupes culturels minoritaires en général l'est aussi pour la sociologie des communautés franco-phones hors Québec. Il faut se départir d'une conception qui per-cevrait ceux-ci essentiellement comme un reste, en marge de la société dominante. Au contraire, des lectures plus actuelles sur les dynamismes présents au sein de ces communautés tendent à démontrer que celles-ci jouent des rôles importants autant dans la construction moderne des identités de leurs membres que dans l'édification pluraliste de la société globale. Une sociologie de ces communautés peut donc participer à mieux évaluer la place occupée par ces communautés dans la construction des identités modernes, tout comme elle peut conscientiser les membres de ces communautés à leur contribution originale à la société globale (Lapointe et Thériault, 1999, p. 203).

Enfin, troisième motivation, qui vient renforcer le choix d'une étude de cas pour l'analyse de la communauté francophone du Saint-Jean métropolitain : non seulement cette réalité est largement méconnue, mais on peut constater d'importantes lacunes dans la littérature sur les francophonies minoritaires en milieu urbain, qui vivent généralement dans des contextes linguistiques mixtes. On peut compter à peine une poignée d'études en ce sens – à l'excep-tion du livre de Robert Stebbins sur les Franco-Calgariens (Stebbins, 1994), les autres se situent surtout en Ontario : il s'agit des travaux de Maxwell sur les francophones de Toronto, à la fin des années 1960 (Maxwell, 1971) ; de l'étude de Jackson sur Tecumseh, près de Windsor, à peu près à la même époque (Jackson, réédition, 1988) ; du rapport fouillé de Cardinal, Lapointe et Thé-riault (1988) sur Welland ; enfin, du livre de Rayside (1991) sur Alexandria. Il y aurait donc une certaine méconnaissance de la situation des francophones minoritaires urbains, la recherche ayant privilégié les communautés franco-phones en milieu rural[6], qui présentent des caractéristiques souvent fort dif-férentes de celles des villes : si les premières sont habituellement plus homogènes et majoritaires au sein de leur espace local et régional (pensons à la Péninsule acadienne ou au Nord-est de l'Ontario), les secondes habitent un territoire mixte, sur le plan sociolinguistique, où d'ailleurs elles constituent souvent une minorité. Leur quotidienneté est donc différente puisqu'elle suppose des interactions constantes avec la majorité anglophone : dans pareil contexte, il devient particulièrement intéressant d'examiner les mécanismes communautaires de résistance, à certaines époques, et ceux de développement et d'affirmation collective, à d'autres. C'est ce que nous entendons faire par rapport aux francophones de Saint-Jean.

Le chemin parcouru : quelques chiffres

Quel contraste entre la lente germination de la communauté francophone de Saint-Jean, au cours du XXe siècle, et sa remarquable vitalité et visibilité ces dernières années ! Quelques chiffres révélateurs permettront d'illustrer ce constat. Les francophones n'étaient qu'une poignée à Saint-Jean à la fin du XIXe siècle et au début du XXe. Les deux grandes guerres entraîneront une émigration francophone importante vers la ville. Selon le Recensement du Canada, les effectifs francophones passent en effet de 403 en 1911 à 1 601 en 1921, puis à 2 705 en 1931, à 3 980 en 1941 et à 5 063 en 1951. L'accroissement de la population francophone se poursuit dans l'après-guerre, puisque celle-ci atteint 7 985 en 1961 et passe à 12 235 en 1971.

Ces données portent sur les gens d'origine ethnique française (OEF), qui sont par définition plus nombreux que ceux de langue maternelle française (LMF). En empruntant cette dernière mesure, de loin la plus utilisée, on obtient le nombre de francophones suivant : 2 046 en 1951, 3 852 en 1961, 6 925 en 1971 et 7 540 en 1981. Les chiffres les plus récents sont 6 850 pour le Grand Saint-Jean en 1991 et 5 220 en 1996. Il existe un troisième indicateur, plus sévère et plus controversé d'ailleurs, soit celui de la *langue parlée à la maison* ou français langue d'usage (FLU). Seulement 2 300 personnes répondent à ce critère en 1996. Ces décalages sont bien connus : Roy (1993, p. 159-161) a illustré le phénomène pour l'année 1991, où le Nouveau-Brunswick comptait 327 370 personnes d'origine ethnique française, 250 175 personnes de langue maternelle française, et 225 950 personnes ayant le français comme langue d'usage. On assiste ainsi à une diminution du nombre de francophones, au fur et à mesure que l'on resserre le critère adopté.

Le taux d'assimilation linguistique est généralement calculé en soustrayant le total de FLU de celui de LMF et en divisant le résultat par le total de LMF. Ainsi, la cité et le comté de Saint-Jean affichaient en 1986 un taux d'assimilation de l'ordre de 34 %, le comté voisin de Kings ayant un taux de 38,4 % (Roy, 1993, p. 184, 192). Manifestement, le phénomène de l'assimilation existe. Mais certains experts remettent en question la façon de le calculer, et donc sa validité comme mesure. Dans un rapport effectué pour le ministère du Patrimoine canadien, O'Keefe (1998, p. 36-37) soulève plusieurs aspects qui montrent que cet indicateur exclut nombre de francophones, ce qui conduit donc à une *sous-estimation* du poids démographique de cette minorité. La question du recensement mesure la langue parlée *le plus souvent* à la maison, et ne tient donc pas compte des cas où le français serait utilisé, mais moins souvent. De même, les gens peuvent garder un contact avec le français par l'intermédiaire des médias, des lectures, etc., même si cette langue n'est pas couramment parlée à domicile : on peut facilement imaginer cette situation ainsi que la précédente, dans les couples mixtes ou exogames. Enfin, le français peut être utilisé à l'extérieur du foyer, au travail, avec la famille et les amis, etc., mais cette dimension n'est pas captée par Statistique Canada : pour avoir une vue plus juste de la francophonie canadienne, on devrait ajouter des questions dans le questionnaire de recensement. O'Keefe conclut en disant que la très grande majorité des « assimilés » de langue maternelle française (96-97 %) peuvent encore parler le français ![7]

Au-delà de ces controverses à l'allure souvent technique, qui recouvrent cependant des réalités substantielles, que faut-il retenir de tous ces chiffres ? D'abord, qu'il n'est pas facile d'établir la taille exacte d'une communauté linguistique minoritaire. On peut aisément déterminer la population d'une ville ou d'une province, mais dès qu'on cherche à préciser le nombre de francophones dans une région mixte comme Saint-Jean, cela devient moins évident. Par ailleurs, et c'est là la deuxième leçon à retenir des statistiques historiques sur les francophones de Saint-Jean, on assiste à la construction progressive d'une masse critique qui permettra l'éclosion d'une prise de conscience communautaire, préalable aux luttes pour les droits et les institutions de la communauté minoritaire[8]. Dans les années 1990 suivra une période d'affirmation et de visibilité sans précédent des francophones dans le Grand Saint-Jean, marquée entre autres par l'instauration des soirées sociales hebdomadaires « 5 à 8 en ville[9] », l'apothéose de la 17e Finale des Jeux d'Acadie en juin 1996 (Saint-Jean avait déjà été l'hôte des Jeux régionaux en 1987), à laquelle au-delà de 1 300 bénévoles ont œuvré sans relâche pour faire de l'événement un succès incontesté[10], et la participation toujours croissante aux festivals annuels : en juin 1998, on comptait plus de 3 000 entrées au Festival de la Baie française, et cette performance a été répétée au cours des éditions subséquentes du Festival. Les festivités entourant la Fête nationale de l'Acadie sont également très courues. En 1998, par exemple, elles comprenaient une quinzaine d'activités, la plupart au centre-ville. Ces activités publiques font connaître les francophones dans le Grand Saint-Jean, et cette présence accrue des francophones s'accompagne d'une plus grande *ouverture* des anglophones à la communauté francophone. Bien sûr, tout n'est pas encore parfait quant aux services offerts en français à Saint-Jean. Mais quel chemin parcouru depuis les années 1950 et 1960, époque où les gens n'osaient pas parler français en public de peur de se faire insulter ou pire encore... À l'heure actuelle, les édiles municipaux, de même que la plupart des grandes organisations offrant des services publics ou privés, reconnaissent non seulement l'existence de la communauté francophone mais les avantages de cette présence pour la région tout entière, notamment sur le plan économique : c'est ainsi que Saint-Jean a pu attirer en 1996, tout comme Moncton l'avait fait depuis le début des années 1990 (voir Allain, 1998b), des centres d'appel d'envergure comme ceux de Xerox et d'Air Canada, en tablant sur une main-d'œuvre bilingue et l'existence d'institutions de langue française[11]. Dans pareil contexte, les minorités francophones comme celle de Saint-Jean ne sont plus perçues comme une « nuisance » ou simplement tolérées : elles deviennent *un atout, une valeur ajoutée* pour le milieu[12].

Ces nouvelles entreprises ont pour effet d'accentuer et d'accélérer une transformation importante de la composition même de cette communauté. Longtemps perçue comme une ville de cols bleus (Poulin, 1987), Saint-Jean connaîtra au cours des années 1990 un déclin des emplois ouvriers – en raison notamment de la fin du méga-contrat fédéral des frégates au chantier naval – et la prolifération de nouveaux emplois de cols blancs dans le secteur des services, dans les domaines de la santé et de l'éducation, dans certains secteurs industriels de pointe tels l'ingénierie, l'informatique, la gestion (Beaudin et Boudreau, 1994) ainsi que chez de gros employeurs comme NBTel, Xerox et Air Canada.

Les transformations du tissu industriel et économique de la région entraînent d'importants changements au sein de la population francophone : Saint-Jean ayant troqué son statut de « Waltham du Nouveau-Brunswick »[13] pour celui de région métropolitaine à l'économie moderne et diversifiée, le profil de la main-d'œuvre, et donc de la collectivité, se modifie en conséquence.

Des chercheurs ont souligné la « relation symbiotique » entre une communauté minoritaire et son environnement économique : si le groupe minoritaire contribue à l'économie de sa région et à son développement (ce que l'on semble reconnaître de plus en plus de la communauté francophone de Saint-Jean[14]), en retour, la bonne performance économique d'un milieu urbain peut jouer un rôle clé dans le maintien de la population, de la langue et du patrimoine du groupe minoritaire[15]. La vitalité sociale, culturelle, linguistique d'une communauté minoritaire ne peut donc être dissociée de la vigueur économique du milieu dans lequel elle s'insère.

L'histoire récente en capsule : trois grandes étapes dans l'évolution des francophones de Saint-Jean

Résumons brièvement le cheminement remarquable de la communauté francophone de Saint-Jean. Selon plusieurs sources, dont un haut fonctionnaire fédéral bien informé, on peut distinguer trois phases dans son évolution récente. Au cours de la première, qui irait jusqu'au milieu des années 1970, la communauté se cherchait une identité, un ancrage, un sentiment d'appartenance : à l'époque, de nombreuses familles s'installaient à Saint-Jean pour l'emploi mais retournaient régulièrement dans leur milieu d'origine (le comté de Kent et la Péninsule acadienne, principalement) les fins de semaine. Les liens familiaux et sociaux les reliaient bien davantage à l'extérieur de la région ; ne disposant que de réseaux informels, les francophones à Saint-Jean n'occupaient qu'un espace marginal dans la ville, certains qualifiant de *quasi-clandestine* leur situation d'alors ![16] Une activiste de l'époque, rencontrée à l'été 1998, racontait comment le Cercle français de Saint-Jean (un des organismes clés dans le développement d'une identité collective chez les francophones et dans la défense de leurs droits) tenait des « assemblées de cuisine » dans les maisons, au début des années 1970 : à son dire, les réunions regroupant chaque fois une douzaine de personnes étaient très intéressantes, mais « il fallait un peu se cacher de peur d'éventuelles représailles ».

La communauté allait se manifester de façon beaucoup plus visible quand, au milieu des années 1970, un petit groupe de parents concernés commencèrent une lutte acharnée en faveur d'une école française. En 1976, le groupe obtint à ces fins une ancienne école d'immersion, l'école King George, pour l'enseignement de cours en français, ce qui représentait une première victoire significative. Cette solution devait bientôt afficher ses limites à cause de la vétusté des installations et des problèmes d'espace. Le combat reprit de plus belle, cette fois pour l'obtention d'un centre scolaire-communautaire. Celui de Fredericton venait d'ouvrir ses portes en 1978, et constituait un modèle concret de ce qui était voulu pour assurer l'épanouissement de la communauté.

L'inauguration officielle du Centre, en 1985, marque l'amorce d'une deuxième phase : celle du développement de services scolaires et communautaires. Ainsi a communauté dispose-t-elle désormais d'un point de ralliement. La paroisse francophone, créée en 1981, peut y tenir ses cérémonies religieuses[17]. Les activités scolaires se greffent autour de l'école, qui offre, en plus des cours de la première à la 12e année[18], deux classes de maternelle et tout un éventail d'activités parascolaires allant des sports organisés aux manifestations culturelles. À la fin des années 1990, on ajoute une troisième classe de maternelle pour répondre à la demande croissante. Le volet communautaire du Centre multiplie quant à lui les interventions de toutes sortes : pensons aux services tels la Bibliothèque Le Cormoran, partagée avec l'école ; aux deux garderies, aux services de cafétéria et de banquet, auxquels se sont ajoutés en 1997-1998 le Centre Internet La Bonne Renommée et une vidéothèque française (la première à Saint-Jean !) ; aux événements organisés seuls ou en collaboration, comme la Fête nationale de l'Acadie, le Festival de la Baie française, les Soirées 5 à 8 ; à l'animation auprès des associations gravitant autour du Centre ; aux outils de communication, entre autres le journal *L'Étoile*, le bulletin *Ceki's passe* et la revue *L'Étoile de la Baie française*. La gamme des activités et des services s'étend au fil des ans[19] et la participation en général augmente, deux bons signes de vitalité et de dynamisme.

Enfin, au cours des années 1990 et spécialement à partir du milieu des années 1990, on assiste à l'émergence d'une troisième phase. La communauté francophone déborde alors le cadre du Centre scolaire-communautaire[20] et accroît grandement sa visibilité (pensons à la Finale des Jeux d'Acadie en 1996, aux nombreux festivals, aux partenariats qui se multiplient avec la communauté anglophone) ; elle devient ainsi un partenaire incontournable dans la région métropolitaine de Saint-Jean. Non seulement les francophones occupent dorénavant leur espace, prennent la place qui leur revient, mais, de plus en plus, les anglophones leur reconnaissent cette place, acceptent et respectent la légitimité de leur présence et de leur apport (la « valeur ajoutée ») à la vie du Grand Saint-Jean. Il s'agit là sans contredit d'une évolution significative, de l'étape du silence et de la simple survivance à celle du développement et de l'épanouissement évidente aujourd'hui. L'origine de cette évolution se trouve dans la persévérance et la détermination caractéristiques des francophones de Saint-Jean, dans la qualité et la solidité du leadership ainsi que dans la vitalité de leur réseau associatif.

Un réseau associatif dynamique

La vitalité d'une communauté ethnolinguistique minoritaire peut se mesurer de diverses façons : à son poids démographique à l'intérieur de la population totale dont elle fait partie ; au dynamisme linguistique dont elle fait preuve ; au rayonnement de ses activités socio-culturelles ; ou encore à son influence économique et politique. En sociologie, toute une littérature met l'accent sur la complétude et la solidité de l'infrastructure organisationnelle et associative (Breton, 1964, 1983, 1984 ; Allain, McKee-Allain et Thériault, 1993 ; Allain, 1996)[21]. Autrement dit, un des signes qui permette d'évaluer la vitalité d'une communauté minoritaire, c'est le nombre, la diversité et le dynamisme de ses associations.

Les francophones de la région de Saint-Jean se sont dotés, dès les années 1950, de quelques associations fortes. La tendance s'est accentuée au fil des décennies, jusqu'aux années 1980 et 1990, où nous assistons à une véritable explosion de la vie associative, tant par la quantité d'associations alors actives que par la variété de secteurs où elles œuvrent. Pas moins d'une cinquantaine d'organismes gravitent en effet présentement autour du Conseil communautaire, transformé à l'automne 1999 en Association régionale de la communauté francophone (ARCF) de Saint-Jean pour assurer une visibilité accrue et confirmer sa vocation associative.

Historiquement, la petite taille de la communauté francophone de Saint-Jean ne pouvait soutenir une vie associative forte, la masse critique de la population n'étant pas atteinte. Ce n'est que dans les années 1940 et 1950 que l'on est parvenu à nombre suffisant (environ 4 000 en 1941, et 5 000 en 1951). Pourtant, deux associations à vocation socio-économique étaient apparues dès les années 1910 : une succursale de la Société mutuelle l'Assomption, qui organisait aussi des activités socio-culturelles, et une coopérative d'achat. Plus tard, deux associations à caractère religieux voient le jour, la Société de la Bienheureuse Vierge Marie, en 1943, et un chapitre local du Tiers-Ordre de Saint-François, en 1954. Puis apparaissent deux organismes qui vont œuvrer principalement pour l'organisation d'activités sociales : le Cercle Champlain, en 1959, et le Club Richelieu, en 1964.

C'est pourtant au cours des années 1970 et 1980 que nous assistons à la plus grande floraison de groupes de toutes sortes, dans le sillage des luttes pour l'obtention d'une école française d'abord, puis à la suite de l'ouverture du Centre scolaire-communautaire Samuel-de-Champlain. Les choses se mettent en branle en 1972, par suite de l'établissement du Comité régional de la Société des Acadiens du Nouveau-Brunswick ainsi que du Cercle français, deux organismes qui seront au cœur des revendications de la communauté francophone de Saint-Jean et de ses nombreuses démarches pour l'obtention de sa propre école.

L'ouverture de la première école française, en 1976, entraîne l'apparition de tout un lot de nouveaux groupes : le Foyer école de Saint-Jean, le Cercle 20 de l'AEFNB, le Conseil français 6790 des Chevaliers de Colomb et, déjà, le Comité pour un centre scolaire-communautaire. D'autres s'ajouteront par la suite : le Comité organisateur du premier Festival acadien, en 1980, ainsi que le Club d'âge d'or Arc-en-ciel ; en 1981, le Club de badminton, le Conseil scolaire de langue française, et la paroisse Saint-François-de-Sales. En juin 1981, un rapport énumérait onze organismes francophones, regroupant au-delà de 5 000 membres (pas toutes des personnes différentes, puisque le même individu pouvait appartenir à plus d'un groupe).

En 1982 naît le Mouvement scouts-guides, suivi en 1983 par la fondation de la section locale d'Activités Jeunesse, du Cercle de l'AEFNB du Conseil scolaire francophone n° 52 et du Cercle des Dames d'Acadie de Saint-Jean.

L'année 1984 représente une date historique pour les francophones de la région, puisqu'elle donne lieu à l'ouverture du Centre scolaire-communautaire. C'est l'aboutissement d'efforts déployés sans relâche par la communauté depuis l'ouverture de l'école française en septembre 1976. C'est aussi le catalyseur qui mènera à la création d'une nouvelle génération d'organismes francophones : la Bibliothèque Le Cormoran, la troupe de danse folklorique La Marée dansante, le Conseil étudiant, le Conseil français 9029 des Chevaliers de Colomb. En 1985-1986, sept modules de programmation culturelle sont mis sur pied, de même que l'Association sportive Samuel-de-Champlain. On trouve dans *Le Rêve éveillé*, le journal de l'ouverture officielle du Centre scolaire-communautaire Samuel-de-Champlain en mai 1985, une liste et une description des 27 organismes alors en existence. Dans le rapport de Poulin (1987) sur les centres scolaires-communautaires du Nouveau-Brunswick, celui de Saint-Jean remporte la palme quant au nombre d'associations (31), le Carrefour Beausoleil de Newcastle (aujourd'hui Miramichi) n'en comptant que 20, et le Centre Sainte-Anne de Fredericton, 19. Une telle statistique n'est qu'indicative, évidemment : elle ne nous dit rien du degré de vitalité de ces organismes ni de la portée de leurs activités. Néanmoins, il est instructif de noter qu'avec un bassin de population francophone à peu près équivalent à celui du Centre Sainte-Anne (établi six ans avant, en 1978), le Centre Samuel-de-Champlain se démarque déjà ainsi en 1987.

Les années 1980 s'achèvent sur la formation de deux nouveaux groupes, dont le Comité organisateur des Jeux régionaux de la société des Jeux d'Acadie, en 1986-1987. Ce comité mobilisera plusieurs centaines de bénévoles et l'expérience servira de répétition générale pour la grande Finale des Jeux d'Acadie, en juin 1996. La réussite éclatante de ces derniers en fera d'ailleurs un événement marquant de l'histoire récente de la communauté francophone de Saint-Jean et contribuera fortement à renforcer la fierté et à la confiance de cette population en ses capacités. L'année 1989 verra la création d'un Comité local du Conseil économique du Nouveau-Brunswick, l'organisme regroupant les gens d'affaires francophones de la province. Un rapport exhaustif sur la situation en 1990 décrit une collectivité dotée d'une panoplie d'organisations de taille diverse, actives dans toute une série de secteurs (scolaire, socio-culturel, religieux, sportif ou communautaire) (Poulin, 1990).

L'émergence de nouvelles associations francophones à Saint-Jean au cours des dernières années témoigne de façon évidente du dynamisme continu de la communauté. L'année 1997-1998, par exemple, verra l'apparition de quatre nouveaux groupes : le Comité de gestion du Centre Internet la Bonne Renommée, le Comité organisateur du Festival de la Baie française, le Club des investisseurs et le Comité conjoint (avec le Bureau de commerce) pour l'avenir du bilinguisme à Saint-Jean (qui deviendra un an plus tard le Comité Avantage Saint John Advantage). En même temps que ces nouvelles créations, un organisme ayant déjà existé fait peau neuve : l'ancien Club Richelieu devient le Club Richelieu Françoise-M. Jacquelin. Et ça continue : en 1998-1999, nouvelle percée dans le domaine économique, par suite de la création de la Société des gens d'affaires et des professionnels francophones, qui comprend une cinquantaine de membres.

Quel bilan tirer de tout cela ? D'abord, le secteur associatif est clairement en croissance. En 1981, on dénombrait 11 associations regroupant 5 740 membres. Il faut cependant prendre ce dernier chiffre avec un grain de sel, puisqu'à peu près toute la population francophone y était incluse : rappelons que ces données visaient à justifier le besoin d'un centre scolaire-communautaire… Une estimation plus réaliste situerait le nombre autour de 1 200. En 1990, on dénombre 19 organismes comptant au total 2 300 membres (Poulin, 1990). En 1999-2000, on retrouve pas moins de 50 groupes comptant 3 330 membres.

En vingt ans, il s'agit d'une progression notable : le nombre de personnes qui s'engagent a presque triplé depuis 1981 (si l'on utilise l'estimation plus réaliste pour cette année), alors que le nombre de groupes a quintuplé. Mais il y a plus : non seulement retrouve-t-on maintenant plus d'associations, mais celles-ci se sont diversifiées et répondent à une gamme plus large d'intérêts et de besoins, en offrant un éventail plus varié de services et d'activités. La taille des regroupements devient cependant plus limitée. On peut y voir une belle illustration de la condition postmoderne, avec ses caractéristiques d'individualisation et de fragmentation (Allain, McKee-Allain et Thériault, 1993 ; Kumar, 1995 ; Lyon, 1994) ou de segmentation (Johnson et McKee-Allain, 1999). Nous pourrions également y percevoir une communauté qui se dote d'une complétude institutionnelle et d'une capacité organisationnelle (Breton, 1964, 1983, 1984) ; bref, une communauté qui se prend en main !

Notons enfin trois nouvelles tendances depuis la fin des années 1990. Les leaders de la communauté semblent manifester un esprit davantage entrepreneurial, comme en témoignent la formation du Club des investisseurs et surtout la mise sur pied de la Société des gens d'affaires et professionnels francophones du Saint-Jean métropolitain. Depuis 1998, le Conseil communautaire (maintenant l'Association régionale communautaire) a collaboré avec la Société des Acadiens et Acadiennes du Nouveau-Brunswick, pour produire un *Bottin des services bilingues* dans la région de Saint-Jean : l'édition 2000 comprend plus de 460 entreprises offrant des services dans les deux langues. Le leadership francophone établit des partenariats avec la ville de Saint-Jean et avec des agences économiques régionales : pensons au comité conjoint sur le bilinguisme, où siègent avec les représentants francophones, des édiles municipaux et des chefs d'entreprise. Le directeur général du Centre scolaire-communautaire a signé pendant deux ans des chroniques en français dans le bulletin mensuel anglophone de la Chambre de commerce locale. Ce sont là des initiatives modestes, mais elles auraient été impensables auparavant. Nous revenons à la fameuse « valeur ajoutée » attribuée désormais aux francophones pour leur apport à la communauté globale de Saint-Jean. Cela rejoint aussi les nouvelles orientations analytiques dans l'étude des groupes minoritaires, qui insistent davantage maintenant sur l'apport de ces groupes à l'édification de la société environnante, plutôt qu'uniquement sur les caractéristiques qui les distinguent – et les isolent (Lapointe et Thériault, 1999).

Rappelons enfin l'extension territoriale des activités de la communauté francophone, qui débordent le Centre pour s'installer au centre-ville ou à l'échelle de la région. Nous pourrions citer à cet égard les Fêtes entourant le 15 août, les soirées hebdomadaires 5 à 8 et le Festival de la Baie Française, qui enregistre en moyenne 3 000 entrées depuis sa première édition en 1998. Dans la deuxième moitié des années 1990, le Conseil communautaire avait comme devise « Se créer et occuper un espace francophone dans le Grand Saint-Jean ». Force est de reconnaître que les moyens ont été pris pour réaliser cet objectif et qu'il a été au moins partiellement atteint.

Conclusion : la communauté francophone de Saint-Jean à l'aube du troisième millénaire

Le 21 octobre 1999, en conférence de presse, était dévoilée la nouvelle identité de l'organisme chargé de promouvoir le développement de la communauté francophone de Saint-Jean. Le Conseil communautaire Samuel-de-Champlain, qui avait été le maître d'œuvre des progrès accomplis depuis quinze ans, décidait de faire peau neuve et de prendre un nouveau nom, à l'aube du XXIe siècle : celui d'Association régionale de la communauté francophone de Saint-Jean. Plusieurs facteurs, internes et externes, sont à l'origine de ce changement. Même si le Conseil communautaire avait été le grand responsable des diverses initiatives rassemblant les francophones de Saint-Jean, il demeurait peu connu dans l'ensemble de la population (Hawkins, 1999), y compris parmi certains francophones. Il fallait aussi dissiper les malentendus fréquents entre trois entités portant toutes le nom Samuel-de-Champlain : le Centre scolaire, le Centre communautaire et le Conseil communautaire (Gagnon, 1999).

Mais il y a plus ici qu'un changement de nom : les artisans de ce renouveau parlent de repositionnement dans une optique carrément proactive. En plus de renforcer la voix des francophones et d'augmenter leur visibilité, le nouvel organisme définit six secteurs prioritaires d'intervention. La nouvelle orientation sert à clarifier et à consolider des champs d'action déjà investis (le social, le culturel, les infrastructures…), tout en élargissant le cadre d'intervention de certains secteurs, comme la représentation, et en imprimant de nouvelles directions dans des secteurs tels que la jeunesse et l'économie.

Quel impact auront ces changements organisationnels ? Seul le temps pourra le dire. Chose certaine, si le passé est garant de l'avenir, on peut envisager avec optimisme ce renouvellement, qui constitue la plus récente étape dans le cheminement de la communauté francophone de Saint-Jean. Les responsables se donnent comme objectif ambitieux de « donner aux francophones du Saint-Jean métropolitain le meilleur niveau de vie au Nouveau-Brunswick », rien de moins ! Un nouveau programme de membership a pour but d'accroître le nombre de membres (individuels, familiaux, corporatifs et associatifs) et de créer un Fonds de l'avenir pour assurer le financement à long terme des activités. Voilà bien une vision proactive, résolument tournée vers l'avenir.

Il reste bien sûr de grands défis à surmonter. Un des principaux, comme dans tous les milieux, c'est d'assurer la relève. Certains leaders militent depuis longtemps et, tout en continuant de profiter de leur expérience et de leurs habiletés, il convient d'ouvrir la porte aux jeunes afin d'insuffler du sang neuf. Des initiatives ont d'ailleurs commencé à être prises en ce sens.

Cette obligation de « recrutement perpétuel » déborde le cadre associatif et concerne l'ensemble de la communauté francophone de la région. À cause de la grande mobilité de la population, attribuable notamment aux transformations de la structure économique de Saint-Jean, il existe là une fluidité démographique qu'on ne trouve pas ailleurs, sinon dans le Moncton métropolitain. Chaque année, des individus et des familles quittent la région, alors que d'autres arrivent de l'extérieur, dont bon nombre de francophones. Le défi est de les rejoindre pour les accueillir et les intégrer, en l'absence de médias locaux francophones[22]. Ce n'est certes pas une tâche facile dans un centre métropolitain où les francophones sont en minorité. Qu'à cela ne tienne : la communauté francophone de Saint-Jean a déjà relevé bien d'autres défis. Chose certaine, par ses nombreuses luttes pour assurer son développement et prendre sa juste place à Saint-Jean, la communauté francophone a non seulement construit les assises de son épanouissement comme groupe minoritaire, mais elle a contribué à diversifier et à enrichir la vieille ville portuaire[23]

« loyaliste », qui vante maintenant sa population bilingue afin d'attirer des entreprises. Au-delà d'une telle stratégie de développement économique, les leaders anglophones semblent reconnaître de plus en plus la valeur, du point de vue de la qualité de vie sociale et culturelle, d'un milieu pluraliste et dynamique. Et tout cela, parce que la communauté francophone a décidé, au cours des années 1970 et dans les décennies qui ont suivi, de s'affirmer et de se tenir debout.

BIBLIOGRAPHIE

ALLAIN, Greg (1996), « Fragmentation ou vitalité ? Les nouveaux réseaux associatifs dans l'Acadie du Nouveau-Brunswick », dans Benoît CAZABON (dir.), *Pour un espace de recherche au Canada français : discours, objets et méthodes*, Ottawa, Presses de l'Université d'Ottawa, p. 93-125.

ALLAIN, Greg (1997), « Le Congrès mondial acadien de 1994 : réseaux, conflits, réalisations », *Revue de l'Université de Moncton*, vol. 30, n° 2, mai, numéro spécial sur « Mutations sociales et sciences humaines », p. 141-159.

ALLAIN, Greg (1998a), « Le Congrès mondial acadien : regards sur la participation aux Conférences, bilan et enjeux des Retrouvailles », dans Gratien ALLAIRE et Anne GILBERT (dir.), *Francophonies plurielles : communications choisies*, Sudbury, Institut franco-ontarien, p. 139-162.

ALLAIN, Greg (1998b), « L'entrepreneurship minoritaire et le développement économique : le rôle des gens d'affaires acadiens dans la croissance de Moncton », communication présentée au colloque « Centralité de la Marginalité », 66e Congrès annuel de l'ACFAS, Université Laval, 14-15 mai 1998, à paraître dans les actes du Colloque.

ALLAIN, Greg (2001), « La société acadienne en réseaux : trois études de cas dans les domaines sportif, des affaires et de l'Acadie mondiale », communication présentée au colloque « La Francophonie internationale et la mondialisation : un univers de réseaux », Université de Moncton, 25-26 mars 1999, *Revue de l'Université de Moncton*, numéro hors série, p. 309-326.

ALLAIN, Greg et Maurice BASQUE (2001), *De la survivance à l'effervescence : portrait historique et sociologique de la communauté acadienne et francophone de Saint-Jean, Nouveau-Brunswick*, Saint-Jean, Association régionale de la Communauté francophone de Saint-Jean.

ALLAIN, Greg et Martin MUJICA (1996), « Profil des participants et participantes aux Conférences du Congrès mondial acadien », dans *Le Congrès mondial acadien : l'Acadie en 2004. Actes des conférences et des tables rondes*, Moncton, Éditions d'Acadie, p. 659-681.

ALLAIN, Greg, Isabelle McKEE-ALLAIN et J.-Yvon THÉRIAULT (1993), « La société acadienne : lectures et conjonctures », dans Jean DAIGLE (dir.), *L'Acadie des Maritimes : études thématiques des débuts à nos jours*, Moncton, Chaire d'études acadiennes, Université de Moncton, p. 341-385.

ALLAIRE, Gratien (1999), *La francophonie canadienne : portraits*, Québec et Sudbury, CIDEF-AFI et Prise de parole.

BASELINE MARKET RESEARCH LTD. (1994), *Final Report : Needs Assessment and Business Opportunities Study of the Fundy Region*, Saint John, October 7.

BASQUE, Maurice (1991), *Entre baie et péninsule : histoire de Néguac*, Néguac (N.-B.), Village de Néguac.

BEAUDIN, Maurice (1998), « L'apport d'une minorité à sa région : les Acadiens du Sud-Est du Nouveau-Brunswick », dans Albert BRETON (dir.), *Langue et bilinguisme : les approches économiques*, Ottawa, Patrimoine Canadien, p. 249-284.

BEAUDIN, Maurice (1999), « Les Acadiens des Maritimes et l'économie », dans J.-Yvon THÉRIAULT (dir.), *Francophonies minoritaires au Canada : l'état des lieux*, Moncton, Les Éditions d'Acadie, p. 239-264.

BEAUDIN, Maurice et René BOUDREAU (1994), *État de la francophonie hors Québec en 1991*, Moncton, Institut canadien de recherche sur le développement régional, mai.

BEAUDIN, Maurice, René BOUDREAU et George DeBENEDETTI (1997), *Le dynamisme socio-économique des communautés de langue officielle*, Ottawa, Patrimoine canadien.

BERGERON, Pierre (1998), « La minorité française de l'Ontario entre la clandestinité, la dilution et l'indifférence », dans François-Pierre GINGRAS (dir.), *Entre l'arbre et l'écorce : actes du colloque tenu à l'Université d'Ottawa le 7 mars 1997*, Ottawa, Centre de recherche en civilisation canadienne-française, p. 71-78.

BRETON, Raymond (1964), « Institutional completeness of ethnic communities and the personal relations of immigrants », *American Journal of Sociology*, vol. 70 (juillet), p. 193-205.

BRETON, Raymond (1983), « La communauté ethnique, communauté politique », *Sociologie et sociétés*, vol. 15, nº 2, p. 23-37.

BRETON, Raymond (1984) « Les institutions et les réseaux d'organisation des communautés ethnoculturelles », dans *État de la recherche sur les communautés francophones hors Québec : actes du premier colloque national des chercheurs, Ottawa, 9, 10 et 11 novembre 1984*, Fédération des francophones hors Québec, p. 4-20.

CARDINAL, Linda (1997), *L'engagement de la pensée. Écrire en milieu minoritaire francophone au Canada*, Ottawa, Le Nordir.

CARDINAL, Linda, Jean LAPOINTE et J.-Yvon THÉRIAULT (1988), *La communauté francophone de Welland : la minorité francophone de Welland et ses rapports avec les institutions*, Rapport d'étude présenté au Bureau du commissaire aux langues officielles, Département de sociologie, Université d'Ottawa.

CARDINAL, Linda, Jean LAPOINTE et J.-Yvon THÉRIAULT (1994), *État de la recherche sur les communautés francophones hors-Québec : 1980-1990*, Ottawa, Centre de recherche en civilisation canadienne-française.

CARDINAL, Linda, Lise KIMPTON, Jean LAPOINTE, Uli LOCKER et J.-Yvon THÉRIAULT (1994), *L'épanouissement des communautés de langue officielle : la perspective de leurs associations communautaires*, Secrétariat d'État du Canada et Commissariat aux langues officielles.

CHARBONNEAU, Paul M. (1992), *Contre vents et marées : l'histoire des francophones de Terre-Neuve et du Labrador*, Moncton, Les Éditions d'Acadie.

COTNAM, Jacques, Yves FRENETTE et Agnès WHITFIELD (dir.) (1995), *La francophonie ontarienne : bilan et perspectives de recherche*, Ottawa, Le Nordir.

COUTURE, Claude (2001), « La disparition inévitable des francophones à l'extérieur du Québec : un fait inéluctable ou le reflet d'un discours déterministe? », *Francophonies d'Amérique*, nº 11, p. 7-18.

DAIGLE, Jean (dir.) (1993), *L'Acadie des Maritimes : études thématiques des débuts à nos jours*, Moncton, Chaire d'études acadiennes, Université de Moncton.

De BENEDETTI, George (1994), « Saint John : Are its strengths its weaknesses? », dans George J. De BENEDETTI et Rodolphe H. LAMARCHE (dir.), *Shock Waves : The Maritime Urban System in the New Economy*, Moncton, Institut canadien de recherche sur le développement régional, p. 207-229.

GAGNON, Charles-Antoine (1999), « Les francophones de Saint-Jean misent sur une visibilité accrue », *L'Acadie nouvelle*, 22 octobre, p. 8.

GAGNON, Philippe (1993), « Une enclave acadienne en territoire loyaliste », *L'Acadie nouvelle*, 20 avril.

GAUTHIER , Benoit (dir.) (1997), Recherche sociale: de la problématique à la collecte de données, 3e éd., Saint-Foy, PUQ

GILBERT, Anne (1999), *Espaces franco-ontariens*, Ottawa, Les Éditions du Nordir.

GILBERT, Anne et André PLOURDE (dir.) (1996), *L'Ontario français, valeur ajoutée ? Actes du colloque tenu à l'Université d'Ottawa le 26 avril 1996*, Ottawa, Centre de recherche en civilisation canadienne-française.

GINGRAS, François-Pierre (dir.) (1998), *Entre l'arbre et l'écorce : actes du colloque tenu à l'Université d'Ottawa le 7 mars 1997*, Ottawa, Centre de recherche en civilisation canadienne-française.

HAWKINS, Mike (1999), « Saint John school, community centre get new identity », *Times & Transcript*, October 25, p. A4.

HÉBERT, Yvonne (1998), « Vivre sa francophonie au temps de l'illégalité », dans Gratien ALLAIRE et Anne GILBERT (dir.), *Francophonies plurielles : communications choisies*, Sudbury, Institut franco-Ontarien, p. 295-316.

JACKSON, John D. (1988), *Community & Conflict : A Study of French-English Relations in Ontario*, Revised edition, Toronto, Canadian Scholars Press Inc.

JAENEN, Cornelius J. (dir.) (1993), *Les Franco-Ontariens*, Ottawa, Presses de l'Université d'Ottawa.

JOHNSON, Marc et Isabelle McKEE-ALLAIN (1999), « Société et identité acadiennes contemporaines », dans J.-Yvon THÉRIAULT (dir.), *Francophonies minoritaires au Canada : l'état des lieux*, Moncton, Les Éditions d'Acadie, p. 209-235.

LAMARRE, Jules (2000), « Les Jeux de l'Acadie et le Québec », dans Fernand HARVEY et Gérard BEAULIEU (dir.), *Les relations entre le Québec et l'Acadie : de la tradition à la modernité*, Québec, Éditions de l'IQRC et Moncton, Éditions d'Acadie, p. 277-295.

LAPOINTE, Jean et J.-Yvon THÉRIAULT (1999), « La sociologie et les francophonies minoritaires au Canada », dans J.-Yvon THÉRIAULT (dir.), *Francophonies minoritaires au Canada : l'état des lieux*, Moncton, Éditions d'Acadie, p. 193-207.

« Lorsqu'une communauté minoritaire se donne une église », Dossier (1998) *L'Étoile de la Baie française*, vol. 1, nº 1.

MAXWELL, T. R. (1971), « La population d'origine française de l'agglomération métropolitaine de Toronto », *Recherches sociographiques*, vol. 12, p. 319-344.

O'KEEFE, Michael (1998), *Minorités francophones : assimilation et vitalité des communautés*, Ottawa, Patrimoine canadien.

PATRIMOINE CANADIEN (1997), *Langues officielles et économie*, Ottawa.

POULIN, Pierre (1987), *Évaluation du protocole d'entente Canada-Nouveau–Brunswick sur les centres scolaires-communautaires, Rapport final*, 3 décembre.

POULIN, Pierre (1990), *Centre communautaire Samuel-de-Champlain, Plan quinquennal : Rapport final*, 18 décembre.

RAVAULT, Jean-René (1977), *La francophonie clandestine ou de l'aide du Secrétariat d'État aux communautés francophones hors Québec de 1968 à 1976*, Ottawa, juin.

RAVAULT, Jean-René (1998), « Vingt ans après… la francophonie est-elle encore clandestine? », dans François-Pierre GINGRAS (dir.), *Entre l'arbre et l'écorce : actes du colloque tenu à l'Université d'Ottawa le 7 mars 1997*, Ottawa, Centre de recherche en civilisation canadienne-française, p. 27-69.

RAYSIDE, David M. (1991), *A Small Town in Modern Times : Alexandria, Ontario*, Montréal et Kingston, McGill Queen's University Press.

ROSS, Sally et Alphonse DEVEAU (1995), *Les Acadiens de la Nouvelle-Écosse hier et aujourd'hui*, Moncton, Les Éditions d'Acadie.

ROY, Muriel K. (1993), « Démographie et démolinguistique en Acadie, 1871-1991 », dans Jean DAIGLE (dir.), *L'Acadie des Maritimes : études thématiques des débuts à nos jours*, Moncton, Chaire d'études acadiennes, Université de Moncton, p. 141-206.

STEBBINS, Robert A. (1994), *The Franco-Calgarians : French Language, Leisure, and Linguistic Life-style in an Anglophone City*, Toronto, University of Toronto Press.

STEBBINS, Robert A. (2000), *The French Enigma: Survival and Development in Canada's Francophone Societies*, Calgary, Detselig Enterprises.

THÉRIAULT, J.-Yvon (1995), *L'identité à l'épreuve de la modernité : écrits politiques sur l'Acadie et les francophonies canadiennes minoritaires*, Moncton, Éditions d'Acadie.

THÉRIAULT, J.-Yvon (dir.) (1999), *Francophonies minoritaires au Canada : l'état des lieux*, Moncton, Éditions d'Acadie.

WELCH, David (1993), « Formes socio-historiques et identité franco-ontarienne dans le nord-est de l'Ontario. Étude socio-historique de développement économique », *Égalité*, n° 34 (automne), p. 45-80.

WELCH, David (1997), « The Franco-Ontarian Community Under the Harris Counter-Revolution », dans Diana RALPH, André RÉGIMBALD et Néré SAINT-AMAND (dir.), *Mike Harris's Ontario : Open for Business, Closed to People*, Halifax, Fernwood Publishing, p. 122-133.

NOTES

1. Un économiste qualifie même Saint-Jean de « cœur manufacturier des Maritimes » (DeBenedetti, 1994).

2. Baseline Market Research, 1994. Les statistiques sur les communautés minoritaires sont notoirement difficiles à établir et dépendent étroitement de l'indicateur linguistique du recensement du Canada retenu. La région métropolitaine de Saint-Jean compte une population d'environ 100 000 personnes depuis plusieurs années. En 1990, un analyste recense 13 500 personnes d'origine ethnique française d'après le bottin téléphonique (Poulin, 1990, p. 30), ce qui placerait les francophones à 13,5 % de la population totale. Le recensement du Canada de 1996 dénombre 5 220 personnes de langue maternelle française (5,2 %), et 2 300 chez qui le français est la langue d'usage (2,3 %).

3. Le contenu et parfois la formulation du présent article s'inspirent largement de la partie sociologique du livre. L'auteur tient à remercier ses collègues Gratien Allaire, Frank McMahon et Paul Dubé, pour leurs commentaires utiles sur une version préliminaire de ce texte.

4. La formule des centres scolaires-communautaires (CSC) serait une innovation néo-brunswickoise en matière de structuration de l'espace institutionnel francophone minoritaire : le   concept apparaît avec l'ouverture du CSC Sainte-Anne de Fredericton en 1978, suivi de celui de Saint-Jean en 1985 et du Carrefour Beausoleil à Miramichi, en 1986. Trois autres verront le jour en Atlantique par la suite : le CSC de Sainte-Anne de la

Grand'Terre à Saint-Jean, Terre-Neuve, en novembre 1989 ; le Carrefour du Grand-Havre à Dartmouth, en 1991 ; le Carrefour de l'Isle Saint-Jean à Charlottetown, en mai 1992 (Cardinal *et al.*, 1994, p. 23-24). Le CSC de Saint-Jean figure donc parmi les pionniers dans ce domaine.

5. La recherche sur les francophonies canadiennes minoritaires connaît un essor certain depuis les années 1990, que ce soit sur le plan national (pensons à Thériault, 1999 ; Allaire, 1999 ; Stebbins, 2000 ; Cardinal, 1997 ; Cardinal *et al.*, 1994) ou sur un plan plus limité, comme l'Acadie (Daigle, 1993 ; Thériault, 1995) ou l'Ontario francophone (Cotnam *et al.*, 1995 ; Jaenen, 1993 ; Gilbert, 1999). Mais au-delà des travaux scientifiques, la quête des racines et le désir de se représenter son histoire constituent des phénomènes socio-culturels très importants ces dernières années, particulièrement chez les groupes minoritaires. Pensons à la multitude de monographies paroissiales ou de villages parues depuis quinze ans au Nouveau-Brunswick (par exemple, Basque, 1991), aux ouvrages décrivant l'évolution historique de minorités francophones provinciales (comme Charbonneau, 1992, sur les francophones de Terre-Neuve et du Labrador, et Ross et Deveau, 1995, sur les Acadiens de la Nouvelle-Écosse), ainsi qu'au succès éclatant des Retrouvailles de familles lors du Congrès mondial acadien dans le Sud-Est du Nouveau-Brunswick à l'été 1994 (pour une analyse de l'événement et de ses répercussions, voir Allain, 1997, 1998a, 2002, et Allain et Mujica, 1996).

6. Un exemple : la recherche sur la minorité francophone du comté de Prince, à l'Île-du-Prince-Edouard (Beaudin, Boudreau et DeBenedetti, 1997).

7. Pour une analyse critique du discours déterministe de certains démolinguistes, voir Couture (2001).

8. Il ne faut surtout pas oublier que les chiffres à eux seuls ne suffisent pas à mesurer complètement la vitalité d'une communauté minoritaire (O'Keefe, 1998) : il faut aussi prendre en compte sa *complétude institutionnelle* et sa *capacité organisationnelle*, pour reprendre les concepts du sociologue Raymond Breton (1964, 1983, 1984) (voir Allain, 1996).

9. L'activité apparaît en 1991 comme « le social du dernier vendredi du mois » et se tient alors au Centre. Deux ans plus tard, lors du Franco-frolic, on la rebaptise « Soirée 5 à 8 » et on se met à la tenir dans un bar du centre-ville. En 1993-1994, les 22 soirées totalisent 783 entrées. En 1999-2000, on a tenu 33 rencontres totalisant plus de 1 000 entrées.

10. La Finale des Jeux d'Acadie en 1996 nécessiterait un traitement particulier, si nous voulions rendre justice à l'immense contribution de la communauté à la préparation et au déroulement de l'événement : à peu près tout le monde était mobilisé pour en assurer la réussite. Nos entrevues confirment qu'il s'est agi là d'un grand moment pour les francophones de Saint-Jean. Le sentiment de solidarité manifesté dans l'organisation et lors de la Finale elle-même ainsi que la fierté profonde résultant du succès éclatant des efforts consentis à ce beau projet demeurent encore ancrés dans la mémoire collective. Les sociologues aiment dire qu'une communauté, ça se construit : nous en trouvons un exemple patent ici. Sur la Finale des Jeux d'Acadie à Saint-Jean, voir le Cahier spécial de *L'Acadie nouvelle* paru le 7 juillet 1996. Rappelons qu'à l'origine, les Jeux d'Acadie se sont fortement inspirés des Jeux du Québec : voir là-dessus l'analyse de Lamarre (2000).

11. L'arrivée de ces nouvelles entreprises comptant chacune plus de 600 employés et employées bilingues, ainsi que l'expansion de certaines autres où travaillent bon nombre d'Acadiens et d'Acadiennes (comme la raffinerie Irving), laissent présager un accroissement de la population francophone à Saint-Jean d'après le recensement du Canada de 2001.

12. Voir là-dessus les propos de Jean-Bernard Lafontaine, haut fonctionnaire fédéral (Patrimoine canadien, 1997, p. 253). On trouvera aussi l'expression dans Gilbert et Plourde (1996) et dans Beaudin (1999).

13. Au sens de pôle urbain et industriel attirant des Acadiens et des Acadiennes provenant de régions économiquement défavorisées : ces migrations vers la Nouvelle-Angleterre, à la fin du XIXe siècle et au début du XXe (et Waltham, dans l'État du Massachusetts, représentait une destination privilégiée), ont décimé plusieurs régions acadiennes du Nouveau-Brunswick en les privant de leurs ressources humaines les plus jeunes et les plus dynamiques. Après la fin de la Seconde Guerre mondiale, Saint-Jean a exercé ce même rôle, et particulièrement depuis 1990 (voir Allain, 1998b). Ce phénomène n'est pas propre au Nouveau-Brunswick : Welch (1993, 1997) parle de l'émigration massive des Franco-Ontariens et des Franco-Ontariennes des régions rurales vers les centres urbains et industriels d'abord du Nord de l'Ontario puis ensuite du Sud de la province, dans la période de l'après-guerre.

14. La communauté acadienne et francophone du Moncton métropolitain jouit depuis une dizaine d'années de ce type de reconnaissance : voir Allain, 1998b. Pour sa part, Beaudin (1998) a bien montré l'apport de la communauté acadienne à la croissance économique du Sud-Est du Nouveau-Brunswick ces dernières années (voir aussi Beaudin, 1999).

15. Sur cette relation réciproque entre un groupe minoritaire et son milieu économique, on pourra consulter Beaudin, Boudreau et DeBenedetti, 1997, p. 114.

16. Le terme fut popularisé dans un rapport présenté par Jean-René Ravault (1977) au Secrétariat d'État, qui ne portait cependant pas de façon spécifique sur le cas de Saint-Jean ; voir aussi Ravault (1998) et Bergeron (1998). Dans certains cas extrêmes, comme au Manitoba quand l'enseignement du français était interdit, de 1916 à 1947, les gens devaient vivre leur francophonie non seulement dans la clandestinité, mais dans l'illégalité !

(Hébert, 1998).

17. Il faudra attendre quinze ans pour voir l'aboutissement d'un projet cher à une partie importante de la communauté francophone de Saint-Jean : la construction de sa propre église, inaugurée à l'automne 1998 (voir le dossier qui lui est consacré dans la revue des membres du Conseil communautaire Samuel-de-Champlain, *L'Étoile de la Baie française*, vol. 2, n° 1, printemps 1999).

18. Lorsque la première école française ouvrit à l'automne 1976, 34 élèves y étaient inscrits en première année, la seule offerte : comme on offrait une année scolaire de plus chaque année, la progression se fit rapidement. En 1984-1985, il y avait 315 élèves, en 1991-1992, 429, et en septembre 2000, 480.

19. On sait que dans toute organisation, le nombre et la gamme d'activités et de services offerts dépendent étroitement des ressources dont on dispose. Le budget annuel du Conseil communautaire a connu une croissance fulgurante, passant de 150 000 $ en 1984-1985 à 1,7 million de dollars en 1999-2000 ; pendant la même période, les membres du personnel à plein temps passaient de 8 à 40. Autre aspect à souligner : la progression constante de l'autofinancement, qui compte pour 60 % du budget de fonctionnement en 1999-2000.

20. Les premières années de celui-ci consisteront essentiellement à offrir les services de base comme l'école, le développement communautaire, à roder les mécanismes, à étendre la gamme des services et des activités. Durant toute cette période, et c'est parfaitement normal, le Centre s'imposait comme le point de mire de la communauté. Il y avait pourtant un danger, puisque le Centre pouvait devenir un *refuge*, un lieu familier où les francophones pouvaient « oublier » la difficile intégration dans leur langue dans la région de Saint-Jean. Plusieurs personnes interviewées à l'été 1998 nous ont confirmé ce fait. Dans son rapport de 1987, le sociologue Pierre Poulin disait que « Le Centre est devenu "une petite ville francophone" » (Poulin, 1987, p. 53), et dans un rapport subséquent, il mentionnait que le Centre donnait « un peu l'impression d'être un ghetto et replié sur lui » (Poulin, 1990, p. 297). Cette situation a changé depuis, en raison des efforts déployés pour accroître la pénétration des activités et des services dans le milieu. Aujourd'hui, le Centre joue encore un rôle important, mais les manifestations collectives ne s'y limitent plus : c'est le sens à donner au « débordement » des activités francophones dans la ville.

21. On trouvera une analyse approfondie du phénomène associatif et de sa portée, ainsi qu'une bibliographie détaillée, dans Allain (1996).

22. Les responsables de l'ARCF de Saint-Jean travaillent à un projet de radio communautaire francophone qui aiderait à combler cette lacune.

23. Saint-Jean a été la première ville incorporée au Canada (1785).

REPRÉSENTATIONS ET SENTIMENTS LINGUISTIQUES DES FRANCOPHONES DU SUD-OUEST DE L'ONTARIO ET LA REPRODUCTION DES VARIÉTÉS DE FRANÇAIS

Roger Lozon
Université de Toronto

> *je suis bien surpris d'être capable de garder mon français parce que vraiment le seul temps qu'on parle le français c'est avec mon père et ma mère c'est un français de métis on va dire moitié moitié moitié anglais moitié français ainque à wouer on wé*
> *(Charles)*

Nous présentons ici des données préliminaires d'une thèse de doctorat en cours qui porte sur les représentations et les sentiments linguistiques chez des locuteurs francophones du Sud-Ouest de l'Ontario. Nous voulons illustrer, au moyen de l'analyse du discours des locuteurs, les rapports entre les représentations et les sentiments linguistiques des membres d'une communauté et le maintien, la reproduction ou la sous-utilisation des variétés de français dans divers espaces sociaux, à savoir l'espace familial, scolaire, professionnel, social et communautaire.

Les données recueillies auprès des locuteurs nous permettent d'analyser et de décrire les pratiques langagières des gens et la façon dont ils se représentent les variétés de français en circulation, soit le français régional ou le français standard, ainsi que les sentiments qu'ils éprouvent face à leurs compétences dans l'utilisation de ces variétés de français ou face à l'usage qu'en font les autres locuteurs de leur milieu. Les locuteurs dont il est question dans cette étude proviennent de différentes générations et de divers espaces professionnels. Il s'agira d'examiner les espaces sociaux dans lesquels les locuteurs utilisent ces variétés de français et de déceler les facteurs qui pourraient influencer les représentations des variétés de français qu'ils connaissent et les sentiments de sécurité ou d'insécurité linguistique que ces locuteurs manifestent dans leur discours, à l'égard de l'utilisation ou de la sous-utilisation qu'ils en font.

Les espaces sociaux occupés par les locuteurs ont-ils une influence sur leurs représentations des variétés de français et leurs sentiments linguistiques envers celles-ci ? Les représentations des variétés de français en circulation et les sentiments linguistiques des membres d'une communauté dite bilingue ont-ils des effets sur le maintien, la reproduction ou la sous-utilisation des variétés de français faisant partie du répertoire linguistique de cette communauté ? Telles sont les questions auxquelles nous tenterons de répondre.

Dans la première section de l'article, nous présentons l'approche théorique et méthodologique de la recherche ainsi qu'un profil socio-économique et démographique de la région d'enquête. Vient ensuite une analyse du discours des locuteurs portant sur les thèmes ciblés, c'est-à-dire les représentations et les sentiments linguistiques des locuteurs.

Approche théorique

Les représentations et sentiments linguistiques chez les francophones vivant en contexte minoritaire en Ontario ont été très peu étudiés ou décrits jusqu'à maintenant, sauf dans quelques études dont celles de Gérin-Lajoie (1999), Heller (1999a, 1999b, 1988), Erfurt (1999), Forlot (1999), Mougeon (1999), Béniak et Mougeon (1989) et Poplack (1988). Selon Mougeon (1999, p. 33), les premières études linguistiques sur le français parlé en Ontario remontent à la fin des années 1960. D'après lui, c'est à partir de 1975 que la plupart de ces études se sont inscrites dans un courant de recherche sociolinguistique qui s'est concentré sur les aspects de ce français où l'on observe de la variation linguistique.

Ailleurs au Canada, peu d'études ont été réalisées au sujet des représentations et sentiments linguistiques en milieu minoritaire, à part celle d'Annette Boudreau (1998). Cette dernière a mené des enquêtes en Acadie afin d'étudier les représentations et les attitudes linguistiques d'élèves de deux écoles secondaires de langue française au Nouveau-Brunswick et elle a constaté que les jeunes avaient tendance à déprécier leur langue régionale. En Europe, Singy (1998) a mené des enquêtes sociolinguistiques en Suisse, auprès de locuteurs vaudois, afin de vérifier des hypothèses qui mettent en relation des variables indépendantes, c'est-à-dire le sexe, l'âge, le statut socioprofessionnel et le lieu de résidence des enquêtés, avec leurs attitudes et leurs représentations linguistiques.

L'étude que nous présentons ici met plutôt en relation les représentations et les sentiments linguistiques des locuteurs vis-à-vis des variétés de français qui font partie de leur répertoire linguistique, et le maintien, la reproduction ou la sous-utilisation de ces variétés de français dans les divers espaces sociaux qu'ils occupent. Afin de pouvoir expliquer la situation actuelle du fait français dans le Sud-Ouest de l'Ontario, il est important de situer les représentations et les sentiments linguistiques des gens dans le contexte des espaces sociaux qu'ils occupent. Pour ce faire, nous tenons compte des notions de marché et de capital linguistiques (Bourdieu, 1982), d'espaces sociaux (Bourdieu, 1992), d'insécurité linguistique (Labov, 1976), de reproduction sociale par l'intermédiaire du discours et des normes de contextualisation (Gumperz,

1989), des représentations sociales (Jodelet, 1989) et des pratiques langagières (Bauthier, 1995). Mais avant de poursuivre notre discussion, définissons d'abord les termes tels que nous les interprétons dans le cadre de cette recherche.

Les représentations sociales et les sentiments linguistiques

En s'inspirant des travaux de Jodelet (1989), Mondada (1998) explique que « les représentations sociales [...] sont définies comme des valeurs, idées, images qui ont une double fonction : d'une part, celle de permettre aux individus de structurer leur action dans le monde social, d'autre part, celle de leur permettre de communiquer, et les dotant d'un code commun » (p. 128). Pour sa part, Maurer (1998) souligne que les représentations peuvent être conçues en termes cognitifs et linguistiques. Sur le plan cognitif, indépendamment de la mise en mots, le linguiste peut étudier comment le sujet construit son système d'interprétation du monde ; sur le plan linguistique, par ailleurs, il se penche sur la mise en représentation des opérations cognitives par le langage. Les représentations que nous analysons se situent plutôt sur le plan linguistique ; ce sont celles qui découlent du discours produit par les acteurs sociaux et les agents culturels qui contribuent à fabriquer les représentations et à les diffuser.

Les sentiments linguistiques

Lorsque nous abordons la question de sentiments linguistiques par rapport à une langue, nous tenons compte du niveau de confort qu'une personne peut avoir à s'exprimer oralement ou par écrit dans cette langue. Une personne pourrait en fait se sentir en sécurité linguistique à l'écrit, mais en insécurité linguistique à l'oral. L'insécurité linguistique telle que la décrit Labov (1976, p. 183) se manifeste par des fluctuations stylistiques, l'hypersensibilité à des traits stigmatisés que l'on emploie soi-même et la perception erronée de son propre discours.

La sécurité linguistique, dans le cadre de cette recherche, est interprétée comme l'habilité à utiliser une variété de langue dans des buts variés, sans qu'il n'y ait de gêne ou d'inconfort par rapport à son utilisation ou à sa maîtrise. Une personne pourrait être en sécurité linguistique même si elle est consciente des emprunts qu'elle fait à une autre langue ou des erreurs syntaxiques (p. ex., dans les structures de phrases) ou lexicales (p. ex., l'utilisation d'anglicismes) qui se glissent dans son parler, selon l'espace social dans lequel elle se trouve. Elle peut aussi se sentir en sécurité linguistique tout en ayant une reconnaissance (ou conscience linguistique ou non) des normes sociales ou individuelles par rapport à l'utilisation des variétés de français (Bagionni, 1994). Une personne pourrait donc se sentir en sécurité linguistique avec la ou les variétés de français qu'elle connaît dans un espace social et non dans un autre. Elle pourrait également se sentir en sécurité linguistique à l'écrit et non à l'oral ou vice versa.

Dans cet article, nous utilisons le terme discours épilinguistique pour décrire tous les commentaires que les locuteurs font par rapport aux variétés de langue qu'ils utilisent ou qui sont utilisées par les autres. Les seules variétés de langue que nous analyserons ici sont le français régional et le français standard. Le français régional est la variété de français qui est parlée couramment par les locuteurs de la région ; elle se compose d'un mélange de mots français, de régionalismes, d'emprunts (à l'anglais surtout) et, à un certain degré, de l'alternance de codes français-anglais. La deuxième variété de français reconnue dans la région est le français standard. Cette variété de français est surtout celle qui est transmise dans des contextes formels, soit à l'église ou dans les institutions scolaires, les médias ou les organismes communautaires.

La construction et la mise en discours des représentations et les sentiments linguistiques des agents sociaux[1] par rapport aux variétés de langue en circulation dans divers espaces sociaux nous permettent de comprendre davantage les ressources linguistiques que possèdent les locuteurs. Elle nous permettent aussi de mieux percevoir les facteurs qui influencent l'utilisation ou la sous-utilisation de ces ressources (dans les pratiques langagières) dans divers espaces sociaux et l'effet que ces représentations et ces sentiments peuvent avoir sur le maintien, la reproduction ou la sous-utilisation des variétés de français en circulation. C'est par la voie de l'analyse du discours des locuteurs et de leurs pratiques langagières[2] que nous pourrons décrire les enjeux linguistiques, c'est-à-dire les changements et les transformations qui s'opèrent dans l'utilisation des variétés de français dans cette communauté linguistique.

Approche méthodologique

L'étude des représentations et des sentiments linguistiques dans le cadre de cette recherche est de nature qualitative, l'entrevue semi-dirigée et l'analyse de discours étant les méthodes privilégiées pour la cueillette et l'analyse des données. Les données que nous présentons ont été recueillies auprès d'une soixantaine de personnes (francophones et anglophones) originaires de deux villages du Sud-Ouest de l'Ontario. Les locuteurs interviewés représentent différentes générations et proviennent d'une variété de cheminements professionnels et de professions. Pendant les entrevues, nous avons parcouru la trajectoire de leur vie et avons abordé les espaces sociaux qu'ils occupent, à savoir l'espace familial, scolaire, professionnel, social et communautaire, et les langues ou variétés de langue utilisées ou privilégiées dans ces divers espaces (voir la grille d'entrevue à l'annexe 1). Nous définissions les espaces sociaux comme des lieux d'interaction où des gens ayant des liens ou des intérêts communs interagissent ensemble.

Nous avons effectué une analyse initiale des données lors de la transcription d'une quarantaine d'entrevues (voir les conventions de transcription à l'annexe 2). Nous avons dégagé une série de thèmes, y compris les représentations des variétés de français en circulation et des manifestations de sécurité ou d'insécurité linguistiques chez les locuteurs, et ce, par rapport aux variétés de français qui sont en circulation ou qui font partie de leur répertoire linguistique. Avant d'entamer l'analyse des données recueillies, il est important d'établir le contexte, c'est-à-dire de donner au lecteur un aperçu historique de la présence des francophones dans le Sud-Ouest de l'Ontario ainsi qu'un profil démographique et socio-économique actuel de cette région, afin de mieux situer les variétés de français en circulation dans leur perspective historique et dans leur état actuel.

Profil de la région

Le Sud-Ouest de l'Ontario, et plus précisément les comtés d'Essex et de Kent, est une région parsemée de villages qui ont été établis par des francophones en provenance de la Nouvelle-France il y a déjà trois cents ans. C'est en fait à Windsor que nous retrouvons le plus ancien établissement permanent d'origine européenne en Ontario (1701)[3]. Les deux villages dont il est question dans cette étude ont été établis entre 1860 et 1890. Des francophones récemment arrivés de diverses régions du Québec, de l'Acadie et du Nord de l'Ontario ont aussi contribué à la saveur linguistique dans cette communauté linguistique où résident approximativement 3 700 francophones (Recensement, 1996).

Selon la *Loi sur les services en français* (1998), le comté de Kent est désigné région ayant droit aux services en français[4]. La présence du français ou l'affichage en français se limitent tout de même à quelques milieux, soit les écoles de langue française, les églises et l'hôpital régional. Les francophones qui y habitent depuis quelque temps utilisent diverses variétés de langue, soit le français vernaculaire, le français standard, l'anglais vernaculaire et l'anglais standard, ainsi qu'une panoplie d'accents (franco-ontarien, acadien, québécois, anglais) qui reflètent leur milieu d'origine ou les influences linguistiques qu'ils ont subies.

Dans cette communauté, il y a quelques paroisses bilingues, un hôpital et quelques organismes gouvernementaux qui offrent des services en français. Par contre, la plupart des organismes affiliés aux paroisses fonctionnent uniquement en anglais, même si une majorité de leurs membres sont francophones. Nous retrouvons cependant dans la localité à l'étude quelques organismes communautaires qui organisent des activités en français, dont l'Union culturelle des Franco-Ontariennes et le Centre communautaire de Chatham-Kent (La Girouette) et trois écoles de langue française (deux écoles élémentaires et une école secondaire) qui desservent la population francophone de la région.

Les écoles de langue française représentent d'emblée un des seuls espaces sociaux dans la région d'enquête où le français est utilisé comme langue principale de communication. Nous observons, tel que le souligne Gérin-Lajoie (1994, p. 15), que les écoles de langue française se voient attribuer un rôle qui dépasse celui de la socialisation et de la transmission des connaissances. Elles

agissent également à titre de gardiennes de la langue et de la culture françaises dans les communautés francophones qui sont situées à l'extérieur du
Québec.

Dans la prochaine section, nous ferons une analyse des représentations et
des sentiments linguistiques des locuteurs[5] francophones et anglophones qui
ont participé aux entrevues menées au premier trimestre de l'an 2000.

Les représentations des variétés de français

Comme nous l'avons indiqué antérieurement, les représentations linguistiques des variétés de langue en circulation se manifestent dans le discours épilinguistique des locuteurs, c'est-à-dire dans leur façon de décrire les variétés
de langue qu'ils parlent ou qui sont parlées par les autres. Des commentaires
portant sur les variétés de langue parlées par les locuteurs du Sud-Ouest les
mettent souvent en évidence, comme le montre le témoignage de cet agent
d'immeuble qui utilise surtout l'anglais standard dans son espace professionnel et un français régional dans son espace familial.

> Charles : je suis bien surpris d'être capable de garder mon français
> parce que vraiment le seul temps qu'on parle le français c'est avec
> mon père et ma mère c'est un français de métis on va dire moitié
> moitié moitié anglais moitié français ainque à wouer (voir) on wé
> (voit)
>
> Roger : ok
>
> Charles : ça c'est vraiment c'est c'est moi le français j'ai été bien une
> chance que j'ai eu les sœurs de la Ste-Croix à Beau-Pré et puis parce
> qu'eux autres c'était un français parisienne
>
> Roger : ouais
>
> Charles : si j'parlais mon français que j'ai appris à l'école puis quand
> j'allais à l'école mon père puis ma mère me comprendraient pas

Ce locuteur reconnaît la distinction entre la variété de langue utilisée dans
son milieu familial et celle utilisée dans le milieu scolaire. Il fait appel à une
expression régionale « tant qu'à wouer on wé » afin de décrire le français
parlé par ses parents, qui sont parmi les seuls locuteurs avec qui il a l'occasion de parler français. Il associe donc le maintien de son français régional à
l'utilisation de celui-ci dans son espace familial. Par contre, il n'accorde pas la
même importance à la variété de français parlée par ses parents et à celle
transmise dans le contexte scolaire.

Un deuxième locuteur, Victor, qui est enseignant dans une école de langue
française, fait aussi une distinction entre le français qu'il utilise avec ses
enfants et la variété de français que leur grand-père utilise avec eux. Par

contre, il reconnaît la valeur de transmettre à ses enfants la variété de français (le joual) parlé par leur grand-père.

> Victor : *and I just want to make the point here where about how I speak French to the kids [...] and how my dad speaks French*
>
> Roger : *hm hm*
>
> Victor : *well dad talks « le joual »*
>
> Roger : *yeah*
>
> Victor : *and the kids understand « le joual » as well as « le français » so I mean that's good*

Certains anglophones, tel que l'explique la locutrice dans le prochain extrait, ne se représentent pas de façon très positive la variété de français régionale qu'ils entendent.

> Roger : ok comment tu décrirais le français que les gens de Beau-Pré puis de Belle-Prairie quelle sorte de français
>
> Vivianne : hm si tu veux ce qu'on mon mari appelle ça *mud French*
>
> Roger : ah oui
>
> Vivianne : parce qu'on a beaucoup on parle français mais on utilise des mots en anglais ça vient pas vite (rires)

Nous voyons que la variété régionale du français parlée par les aînés de la région est surtout transmise dans l'espace familial et qu'elle se voit accorder peu d'importance dans d'autres espaces sociaux. Pour certains locuteurs, la conservation de cette variété de français est importante, tandis que d'autres n'y tiennent pas. Pour certains locuteurs, le français (peu importe la variété) n'a pas nécessairement une valeur culturelle dans leur vie ; ce n'est qu'un outil de travail qui est utilisé occasionnellement dans leur espace professionnel.

Nous nous apercevons qu'il y a chez les francophones des points de vue sensiblement divergents par rapport à la valeur accordée aux diverses variétés de français parlées dans la région du Sud-Ouest de l'Ontario et leur utilisation des variétés de français dans divers espaces sociaux. Les occasions qu'ont les locuteurs d'utiliser les variétés de français qu'ils connaissent dans divers espaces sociaux pourraient en fait avoir un impact sur le maintien, la reproduction ou la sous-utilisation de celles-ci. Pour plusieurs locuteurs, les possibilités d'utiliser la langue française dans divers espaces sociaux sont limitées. Selon Thérèse, qui travaille comme réceptionniste chez un photographe, le niveau de confort en français standard, qui est un indice de sécurité linguistique, est directement lié à la possibilité de l'utiliser couramment.

> Thérèse : *I think I think anybody if you have to force yourself [...] and if it's I know for myself anyway with the schools like you either you know [...] you force yourself and do it or [...] and then you do it and then the more you speak it*

> Roger : *right*

> Thérèse : *the more comfortable you become again and stuff like that I mean it's very hard when there's an English person an English-speaking person in the house like basically all the conversations tend to be English and then especially when we got married I mean it was English amongst each other you work you go out and speak English and where does the French falls it falls by the way side and until you find someone to practice again and to get comfortable with it and I guess that's true*

D'autres locuteurs, tels que Brenda, qui travaille comme préposée à la paye, nous expliquent que les gens reconnaissent la valeur économique associée au fait de parler le français, mais qu'ils n'utilisent pas nécessairement cette langue dans leur espace familial ou professionnel, car ils ne sont pas à l'aise avec la variété de français qu'ils connaissent. Voici comment elle explique ses observations.

> Brenda : hm les deux autres frères n'ont pas vraiment continué à garder la langue française dans leur famille malheureusement hm i'ont i'ont pas essayé mais je leur parle tout de même en français

> Roger : hm hm ok et eux est-ce que comment qu'i's se sentent par rapport à ça quand tu leur parles en français

> Brenda : i' m'répondent en anglais (rires)

> Roger : i' te répondent en anglais mais i' te disent pas de changer

> Brenda : non non non

> Roger : ah ok

> Brenda : parce qu'i' sont pas à l'aise avec la langue i' manquent de pratique [...] mais i' réalisent aussi que c'est un manque puis i' devraient s'améliorer continuer avec la langue parce qu'i'voient deux de mes frères ont des clients bilingues ça aiderait si au moins si qu'i'auraient au moins la langue

Nos données préliminaires nous indiquent que les locuteurs reconnaissent qu'il y a diverses variétés de français en circulation dans cette communauté linguistique. Quoique le français régional (le français métis, le joual, le franglais, ou le *mud French*, comme le décrivent certains) soit reconnu et valorisé par certains, d'autres trouvent qu'il est plus important d'acquérir et d'utiliser un français standard. Il y a aussi chez certains une reconnaissance de la valeur économique d'une connaissance du français régional ou standard, surtout par rapport au service à la clientèle (par exemple, au service à la paie, au garage, dans les commerces). Dans plusieurs cas, le français standard occupe l'espace professionnel des locuteurs, tandis que le français régional n'est utilisé que dans leur espace familial. Il y a donc deux variétés de français qui sont reconnues par les locuteurs, à savoir le français standard et le français régional, le français standard ayant un statut plus important que le français régional, et ce, surtout dans l'espace professionnel.

Les manifestations d'insécurité linguistique

En somme, plusieurs locuteurs du Sud-Ouest de l'Ontario reconnaissent que la langue qu'ils parlent n'est pas nécessairement un français standard et ils manifestent de l'insécurité linguistique dans leur discours. Ils comparent souvent leur variété de français à une norme exogène qui provient surtout du Québec.

> Roger : hm hm es-tu déjà allé au Québec
>
> Sophie : i'ont été deux années passées
>
> Roger : ah d'accord ok puis comment t'as trouvé ça
>
> Thomas : leur français était bon comme [...] comme moi j'parle pas le bon français ça me prend du temps à
>
> Sophie : penser à les mots
>
> Thomas : penser à les mots parce que j'me sers pas trop souvent

Même s'il juge qu'il ne parle pas un « bon français » ou un français standard, Thomas se considère comme une personne bilingue. Dans son discours, il exprime aussi de l'insécurité linguistique à l'écrit en français.

> Thomas : bien ouais j'suis bilingue j'pas une personne qui est parfait bilingue bien j'peux comprendre j'peux parler si j'veux
>
> Roger : tu peux écrire
>
> Thomas : ben j'peux écrire ça l'écriture de mon français c'est pire parce que y'a trop de verbes

Nos analyses nous amènent à constater que les sentiments linguistiques des locuteurs peuvent varier selon l'espace social qu'ils occupent. Ils peuvent se sentir en sécurité linguistique dans leur milieu familial, mais ressentir de l'insécurité linguistique lorsqu'ils se retrouvent dans des milieux où l'on utilise plus couramment un français standard. Le locuteur suivant explique comment il était en état de sécurité linguistique avant qu'il ne quitte son milieu pour aller étudier à l'Université d'Ottawa. C'est le discours épilinguistique des francophones qu'il a rencontrés à Ottawa qui l'a amené à éprouver cette insécurité linguistique dans la variété de français qu'il utilisait :

> Jacques : hm oui j'ai parti à Beau-Pré avec [...] hm j'pensais que ma langue française était au même niveau à travers le Canada hm je sais pas pourquoi mais lorsque je suis rendu à l'université j'ai reçu vraiment le gros choc le gros choc ma langue n'était pas même assez pour (être) acceptée à l'université puis mes mes copains les gens que je je rencontrais à l'école m'a regardé mes trav... puis y' peuvent pas croire que j'm'ai rendu à l'université puis ça m'a vraiment fait du arme que puis j'pensais moi-même si j'appartenais à l'université donc qu'est-ce que j'faisais c'est que je faisais des jeunes gens m'aider avec la langue de d'essayer de retracer mes pas pour savoir c'est quoi mes gros problèmes linguistiques.

Quoique Jacques ait décidé de poursuivre ses études en français même s'il a développé de l'insécurité linguistique dans la variété de français qu'il connaissait, certains locuteurs évitent des espaces sociaux où l'on utilise un français standard, car ils ressentent trop d'insécurité linguistique dans cette variété de français. La prochaine locutrice que nous citons utilise le français dans différents espaces (tel que son espace familial), mais admet qu'elle ne serait pas à l'aise de l'utiliser dans un espace professionnel tel que dans le cadre d'une interview :

> Jacinthe : *yeah like if I would have to have done this in French I think that I would have renounced*
>
> Roger : *ah ok*
>
> Jacinthe : *because I would have my thoughts wouldn't have been there you know I would have been thought how do I say this and how do I say that I've improved ever since the kids because I'm with it and I think I'm comfortable speaking French to my mom because she was always saying « parle français parle français »*

D'autres locuteurs reconnaissent les normes linguistiques du français standard et essaient d'éviter l'utilisation de termes qui appartiennent à un français régional dans leur espace professionnel. Le locuteur suivant, Denis, vendeur dans le domaine agricole, nous indique comment il évite d'utiliser certaines expressions courantes qui proviennent de son espace familial, mais qu'il ne considère plus appropriées dans son espace professionnel maintenant qu'il sait qu'elles n'appartiennent pas à un français standard :

Denis : pis on parlait avant tsé paré pis préparé pis prêt puis ah j'comme j'ai dit drette à c't'heure j'me sers jamais du terme du terme paré j'toujours prêt drette à c't'heure (rires) ça sonne plus bien ça à c't'heure

Roger : ouais pour toi c'est important de parler le un bon français

Denis : ah certainement comme j'ai dit moi-même on devrait toujours apprendre le meilleur français qu'on devrait apprendre comme j'ai dit le dialecte puis le niveau deux si tu veux [...] ben toi tu parlais de du terme standard ça c'était le bon français toi puis l'autre terme c'éta quoi

Roger : le français familier

Denis : ok le français familier, le français familier va venir / facilement

Comme nous le démontre cette citation, certains locuteurs manifestent de l'insécurité linguistique par rapport à la variété de français qu'ils connaissent, lorsqu'ils se retrouvent dans un espace professionnel qui requiert l'utilisation d'un français plus standard. D'autres locuteurs par contre se sentent en sécurité linguistique même s'ils reconnaissent leurs lacunes dans la variété de langue qu'ils utilisent, et ce, tant à l'oral qu'à l'écrit. Elizabeth a dix-huit ans et suit le cpo (cours pré-universitaire de l'Ontario). Elle sait que son niveau de français ne correspond pas toujours aux normes scolaires, mais, comme elle l'explique, elle peut cependant améliorer sa compétence en français oral si elle le parle plus couramment :

Roger : qu'est-ce qui a créé cet éveil chez toi

Elizabeth : j'sais pas vraiment la maturité

Roger : ouais

Elizabeth : probablement je suis plus confiante maintenant en français je sais que c'est pas parfait j'assaye j'vas pas améliorer si j'essaie pas du tout.

Certains locuteurs se sentent à l'aise de s'exprimer en français dans leur espace professionnel, mais reconnaissent qu'ils font appel à des stratégies de compensation, telles que le recours à des emprunts ou à des termes techniques anglais à l'intérieur de leur français, lorsqu'ils ne connaissent pas les termes appropriés en français. Vivianne est consultante en prêts bancaires dans une institution financière et elle avoue ne pas avoir communiqué en français couramment pendant de nombreuses années. Elle utilise le français surtout avec la clientèle d'un certaine âge et avec les enseignantes et les enseignants de la région. Voici comment elle manifeste sa sécurité linguistique même si elle ne maîtrise pas le français standard. Vivianne utilise une stratégie de compensation (l'insertion d'emprunts) lorsqu'il lui manque un terme en français :

> Vivianne : ça ça faisait vingt ans que je parlais pas beaucoup de français
>
> Roger : hm hm
>
> Vivianne : mais maintenant j'ai pas peur de faire une conversation
>
> Roger : hm hm
>
> Vivianne : avec
>
> Roger : ouais
>
> Vivianne : pis je mets des mots anglais si j'peux pas penser à mon mot français

Nos analyses de discours nous indiquent que certains locuteurs se sentent en sécurité linguistique dans la variété de français qu'ils connaissent tandis que d'autres éprouvent de l'insécurité linguistique en français, car ils savent qu'ils ne maîtrisent pas le français standard ou « un bon français », tel que le décrivent les locuteurs de la région. Nous nous trouvons donc devant plusieurs enjeux linguistiques lorsque nous examinons comment les gens se représentent les variétés de français en circulation et comment ils manifestent leurs sentiments linguistiques par rapport à leurs compétences linguistiques dans ces variétés. Ce que nous retrouvons est bien souvent une lame à deux tranchants. Il y a ceux qui ont développé de l'insécurité linguistique en français parce qu'ils ont rarement l'occasion de l'utiliser dans divers espaces sociaux et ceux qui ressentent trop d'insécurité linguistique en français pour s'exprimer dans cette langue, et ce, surtout lorsqu'ils se retrouvent dans des espaces sociaux où le français standard est de mise. Par contre, ces mêmes locuteurs peuvent manifester moins d'insécurité linguistique lorsqu'ils utilisent un français régional. Cependant, comme nous l'avons vu chez plusieurs locuteurs, cette variété de français est souvent limitée à l'espace familial et elle est souvent perçue comme du mauvais français, comme le décrivent plusieurs jeunes de la région.

Conclusion

Les représentations et les sentiments linguistiques qui se manifestent dans le discours des francophones du Sud-Ouest de l'Ontario sont révélateurs de la place et de la reproduction des variétés de français dans leur milieu. Même si la plupart des francophones du Sud-Ouest sont fiers de pouvoir parler français, leur discours épilinguistique reflète principalement une insécurité linguistique par rapport à leurs propres compétences linguistiques en français (peu importe la variété qu'ils utilisent) et celles que possèdent les autres membres de leur communauté. Cette insécurité linguistique a-t-elle des conséquences sur le maintien, la reproduction ou la sous-utilisation du français régional et du français standard dans la région ?

Plusieurs locuteurs définissent la variété de langue qu'ils connaissent comme un « franglais », car les gens, disent-ils, insèrent plusieurs mots anglais dans leur français. Comme plusieurs d'entre eux ne croient pas maîtriser le français standard et éprouvent une certaine gêne à utiliser la variété de français qu'ils connaissent, peu importe l'espace social dans lequel ils se retrouvent, le faible taux de conservation de la langue française dans cette région pourrait s'expliquer par les représentations et par les sentiments linguistiques des francophones par rapport aux variétés de français qui sont en circulation.

Une analyse approfondie des données ainsi que l'observation de futurs événements publics dans cette communauté linguistique pourraient nous fournir d'autres indices qui nous aideront à expliquer davantage les pratiques sociales et langagières en cours et l'impact que celles-ci pourraient avoir sur la reproduction, le maintien ou la sous-utilisation des variétés de français en circulation dans ce milieu.

Annexe 1

Grille d'entrevue

Représentations et sentiments linguistiques

1. Expérience de vie
   - variétés de langue apprises, variétés de langue encore comprises ou utilisées (à l'oral et à l'écrit) ;
   - utilisation des ressources linguistiques dans divers espaces sociaux ou contextes (informels et formels) ;
   - éducation (institutions de langue française et/ou de langue anglaise) ;
   - représentations des variétés de langue (à différentes étapes de la vie) ;
   - sentiments linguistiques face à ces variétés de langue (à différentes étapes de la vie) ;
   - expériences par rapport à l'utilisation des variétés de langue faisant partie de leur répertoire linguistique.

2. Pratiques langagières dans différents espaces sociaux
   - familial, scolaire, professionnel, social, communautaire ;
   - variétés de langue utilisées et variétés de langue valorisées ;
   - représentation des normes linguistiques (selon les diverses variétés de langue) ;
   - agents et agentes de la norme.

3. Engagement communautaire
   - appartenance à divers organismes ;
   - variétés de langue utilisées ou valorisées dans divers organismes sociaux.

4. Représentation et sentiments linguistiques par rapport au rôle et à l'importance des variétés de langue en circulation
   - dans le passé, en l'an 2000 et à l'avenir.

Annexe 2

Conventions de transcription

- respecter plus ou moins l'orthographe, sauf tous les cas qui indiquent des traits diagnostiques en particulier dans la morphologie. Exemples : j' va, i' sontaient
- pas de ponctuation (. , ; :)
- l'accentuation dans le discours indiquée par des majuscules. Exemple : on a passé une BELLE soirée
- intonation ! ?
- les pauses : / — pause courte
  // — pause légèrement plus longue
  /// — pause plus longue
  / [5 sec] - pause de 5 secondes
- commentaires métadiscursifs entre [...]. Exemples : [surprise], [rire], [bruit de porte]
- séquences non compréhensibles :
  (X) — séquence courte
  (XX) — séquence plus longue
  (XXX) — séquence de plusieurs mots
  (X 4 sec) — séquence de 4 secondes
  (morX) — incertitude
- chevauchement (parlé simultané de deux ou de plusieurs personnes) - à indiquer avec _ ... _.
Exemples :   _ je pense _
              _ mais moi _

BIBLIOGRAPHIE

BAGIONNI, Daniel (1994), « La notion d'insécurité linguistique chez Labov et la sociolinguistique co-variationniste et ses précurseurs littéraires », dans Claudine BAVOUX (dir.), *Français régionaux et insécurité linguistique*, Paris, L'Harmattan, p. 13-32.

BAUTIER, Élizabeth (1995), *Pratiques langagières, pratiques sociales. De la sociolinguistique à la sociologie du langage*, Paris, L'Harmattan..

BENIAK, Édouard et Raymond MOUGEON (1989), « Recherches sociolinguistiques sur la variabilité en français ontarien », dans Raymond MOUGEON et Édouard BENIAK (dir.), *Le français canadien parlé hors Québec : aperçu sociolinguistique*, Québec, Les Presses de l'Université Laval, p. 69-104.

BOUDREAU, Annette (1998), « Représentations et attitudes linguistiques des jeunes francophones de l'Acadie du Nouveau-Brunswick », thèse de doctorat, Paris, Université de Paris X.

BOURDIEU, Pierre (1977), « L'économie des échanges linguistiques », *Langue française*, n° 34, p. 17-34.

BOURDIEU, Pierre (1982), *Ce que parler veut dire*, Paris, Fayard.

BOURDIEU, Pierre (1992), *Réponses*, Paris, Seuil.

BOURDIEU, Pierre (1996), *Raisons pratiques*, Paris, Seuil.

BOUTET, Josiane (1994), *Construire le sens*, Berne, Peter Lang.

BRETEGNIER, Aude (1996), « L'insécurité linguistique : objet insécurisé ? Essai de synthèse et perspectives », dans Didier de ROBILLARD et Michel BENIAMINO (dir.), *Le français dans l'espace francophone, Tome II*, Paris, Honoré-Champion, p. 903-919.

COMMISSION DE FORMATION DE LA MAIN-D'ŒUVRE DU SUD-OUEST DE L'ONTARIO (1999), *Regard scrutateur 1999, Phase Un*.

ERFURT, Jürgen (1999), « Le changement de l'identité linguistique chez les Franco-Ontariens. Résultats d'une étude de cas », dans Normand LABRIE et Gilles FORLOT (dir.), *L'enjeu de la langue en Ontario français*, Sudbury, Prise de parole, p. 59-78.

FORLOT, Gilles (1999), « Portrait sociolinguistique de migrants français à Toronto », dans Normand LABRIE et Gilles FORLOT (dir.), *L'enjeu de la langue en Ontario français*, Sudbury, Prise de parole, p. 197-238.

GÉRIN-LAJOIE, Diane (1994), *L'école secondaire de Pain Court : une étude de cas*, Toronto, Centre de recherches en éducation franco-ontarienne, OISE, Université de Toronto.

GÉRIN-LAJOIE, Diane (1995), « L'école minoritaire de langue française et son rôle dans la communauté », *The Journal of Educational Research*, vol. 42, n° 3 (septembre), p. 267-279.

GÉRIN-LAJOIE, Diane (1999), *Sondage dans deux écoles secondaire de langue française en Ontario sur les habitudes linguistiques des élèves*, Toronto, Centre de recherches en éducation franco-ontarienne, OISE, Université de Toronto.

GUMPERZ, John (1989), *Engager la conversation*, Paris, Éditions de Minuit.

HELLER, Monica (1988), « Variation dans l'emploi du français et de l'anglais par les élèves des écoles de langue française de Toronto », dans Raymond MOUGEON et Édouard BENIAK (dir.), *Le français canadien parlé hors Québec*, Québec, Les Presses de l'Université Laval, p. 153-168.

HELLER, Monica (1999a), *Linguistic Minorities and Modernity*, London, Addison Wesley Longman Limited.

HELLER, Monica (1999b), « Quel(s) français et pour qui ? Discours et pratiques identitaires en milieu scolaire franco-ontarien », dans Normand LABRIE et Gilles FORLOT (dir.), *L'enjeu de la langue en Ontario français*, Sudbury, Prise de parole, p. 129-165.

JODELET, Denise (dir.) (1989), *Les représentations sociales*, Paris, Presses universitaires de France.

LABOV, William (1976), *Sociolinguistique*, Paris, Éditions de Minuit.

LABRIE, Normand et Gilles FORLOT (dir.) (1999), *L'enjeu de la langue en Ontario français*. Sudbury, Prise de parole.

MAURER, Bruno (1998), « Représentation et production du sens », *Cahiers de praxématique*, n° 31, p. 19-38.

MONDADA, Lorenza (1998), « De l'analyse des représentations à l'analyse des activités descriptives en contexte », *Cahiers de praxématique*, n° 31, p. 127-148.

MOUGEON, Raymond (1999), « Recherches sur les dimensions sociales et situationnelles de la variation du français ontarien », dans Normand LABRIE et Gilles FORLOT (dir.), *L'enjeu de la langue en Ontario français*, Sudbury, Prise de parole, p. 33-58.

POPLACK, Shana (1988), « Statut de langue et accommodation langagière le long d'une frontière linguistique », dans Raymond MOUGEON et Édouard BENIAK (dir.), *Le français canadien parlé hors Québec : aperçu sociolinguistique*, Québec, Les Presses de l'Université Laval, p. 127-152.

ROBILLARD, Didier de (1994), « Le concept d'insécurité linguistique : à la recherche d'un mode d'emploi », dans Claudine BAVOUX (dir.), *Français régionaux et insécurité linguistique*, Paris, L'Harmattan, p. 55-73.

SYLVESTRE, Paul-François (1983), *Pain Court et Grande-Pointe*, Ottawa, Centre franco-ontarien de ressources pédagogiques.

SINGY, Pascal (1998), *L'image du français en suisse romande : une enquête sociolinguistique en Pays de Vaud*, Paris, L'Harmattan.

NOTES

1. Boutet (1994, p. 122) précise que, bien qu'ils soient des éléments de l'activité langagière, les agents sociaux, comme leurs représentations, n'interviennent pas de façon directe dans l'activité symbolique, mais de façon médiatisée, filtrée par les systèmes de connaissance des agents sociaux. La relation entre ce monde et les discours n'est plus une simple correspondance naturelle, voire un « reflet », mais le résultat d'une activité constructive des sujets parlants, activité cognitive permanente par laquelle ils catégorisent, découpent, à partir de leur propre point de vue, le monde des activités matérielles, des personnes et des objets.

2. Bauthier (1995, p. 195) précise que les productions langagières relèvent des pratiques langagières du locuteur qui dépendent d'un ensemble de représentations et de « rapports à » de natures différentes.

3. Paul-François Sylvestre (1983, p. 27) précise que l'arrivée du Sieur Lamothe Cadillac, en 1701, a pour effet de jeter les bases de la première colonie française permanente (de la future province de l'Ontario), mais celle-ci se limite initialement au territoire longeant les deux rives de la rivière Détroit. Par la suite, alors que la région bénéficie d'une émigration plus soutenue, les terres le long du lac Sainte-Claire sont défrichées. Ce n'est que vers la fin du XVIIIe siècle que les colons canadiens-français implantent leurs racines dans le sol fertile aux abords de la rivière Thames, alors appelée La Tranche.

4. La Commission de formation de la main-d'œuvre du Sud-Ouest de l'Ontario (1999, p. 9) souligne qu'il existe dans la communauté francophone quatre problèmes principaux à résoudre : 1) aucun programme n'existe aujourd'hui pour l'apprentissage en langue française dans cette région et il n'y a aucun programme de métier en langue française, malgré les insuffisances courantes ; 2) les programmes fondamentaux d'aptitudes et d'habileté pour les adultes ne se trouvent qu'à un centre, Alpha Mot de Passe, et les fonds destinés à ce centre ont été réduits ; 3) les francophones ont un accès limité à la formation spécialisée nécessaire pour détenir des postes dans le secteur hospitalier, là où il serait vraiment utiled'avoir du personnel bilingue ; 4) plusieurs programmes et services établis pour les francophones ne sont pas offerts en dehors des grands centres urbains, dans le territoire desservi par la commission locale.

5. Les noms des participants et des organismes qu'ils représentent ou les noms auxquels ils font référence sont remplacés par des pseudonymes. Seuls les noms des intervieweurs n'ont pas été modifiés.

LE RAPPORT À LA LANGUE
EN CONTEXTE SCOLAIRE MINORITAIRE

Diane Gérin-Lajoie, Douglas Gosse et Sylvie Roy
Centre de recherches en éducation franco-ontarienne
Institut d'études pédagogiques de l'Ontario
Université de Toronto

Les propos qui suivent se veulent une interrogation sur l'évolution du rapport à la langue entretenu par des adolescents et des adolescentes qui fréquentent des écoles secondaires de langue française, en Ontario. Depuis un certain nombre d'années, des transformations importantes se produisent dans la francophonie canadienne minoritaire. On ne peut donc plus parler d'homogénéité sociale, culturelle, linguistique et religieuse au sein de cette population. Plusieurs facteurs ont contribué à ce changement, dont l'urbanisation qui remonte au début du XXᵉ siècle (Welch, 1991). En effet, l'exode vers la ville a amené les francophones à quitter un milieu de vie homogène sur les plans linguistique et social. Arrivés en milieu urbain, ces francophones ont eu à travailler dans un contexte majoritairement anglophone, ce qui a ainsi modifié les rapports linguistiques. Un deuxième facteur d'influence est la présence de plus en plus nombreuse de francophones d'autres pays. Depuis une quinzaine d'années, ces immigrants et immigrantes de partout dans le monde viennent se joindre à la communauté francophone qui vit en milieu minoritaire. Dans le contexte actuel, cette nouvelle communauté présente des intérêts diversifiés, et les relations que ses membres entretiennent entre eux et avec la majorité anglophone varient grandement (Breton, 1994). Cette réalité contribue ainsi à la création de nouveaux rapports de force à l'intérieur même de la communauté, rapports qui provoquent un repositionnement des francophones vis-à-vis de la question identitaire et linguistique. Comment le rapport à la langue évolue-t-il dans de telles circonstances ? Nous pouvons constater que, sur le plan linguistique, nous avons une population qui privilégie de plus en plus l'anglais dans ses rapports quotidiens. Cette nouvelle réalité appelle la question suivante : faisons-nous face à une assimilation accélérée et inévitable au groupe majoritaire anglophone ou sommes-nous plutôt témoins de représentations et de pratiques langagières en mouvance, c'est-à-dire qui s'établissent à l'intérieur de rapports sociaux dialectiques, qui épousent diverses formes, selon le contexte social dans lequel ces pratiques prennent place (Gérin-Lajoie et Labrie, à paraître) ?

Dans les pages qui suivent, nous tenterons d'illustrer l'évolution du rapport à la langue d'un groupe d'adolescents et d'adolescentes qui fréquentent l'école secondaire de langue française en milieu minoritaire. À partir d'une étude menée sur une période de trois ans[1], nous tenterons de mettre en lumière la complexité des pratiques sociales et langagières de ces jeunes et les conséquences qui s'ensuivent en ce qui a trait à leur rapport à la langue française, à la langue anglaise et aux diverses formes existantes de bilinguisme. Nous porterons une attention toute particulière à un adolescent – que nous nommerons ici Sébastien – dont le parcours identitaire nous semble particulièrement intéressant dans le contexte de la présente réflexion. Mais avant de parler spécifiquement de Sébastien, il nous semble important de situer notre réflexion sur le plan théorique.

L'identité et le rapport à la langue, résultat d'une construction sociale

Notre réflexion prend comme point de départ l'énoncé suivant : l'identité et les diverses représentations qui en découlent sont le résultat d'une construction sociale, dans laquelle le sentiment d'appartenance à un groupe ethnique particulier est interprété comme étant étroitement lié aux interactions sociales qui prennent place entre les individus dans la société (Breton, 1968, 1994 ; Juteau-Lee, 1983 ; Juteau, 1994 ; Cardinal, 1994 ; Gérin-Lajoie, 1995 ; Gérin-Lajoie et Labrie, à paraître). Comme l'a si bien dit Juteau-Lee (1983), « on ne naît pas ethnique, on le devient », autrement dit, le fait d'appartenir à un groupe plutôt qu'à un autre au moment de la naissance ne signifie pas nécessairement que l'on en partagera son histoire et ses valeurs pendant toute sa vie. Ainsi, le fait de naître dans une famille francophone ne veut pas dire pour autant que l'on est automatiquement francophone ou qu'on le demeurera. On le sera ou on le demeurera, à condition 1) d'être exposé à la langue et à la culture françaises et 2) de faire le choix de vivre en français. En milieu minoritaire, ce choix s'avère parfois difficile, à cause de l'omniprésence du groupe majoritaire anglophone. Ajoutons que lorsqu'on vit en milieu minoritaire, on ne naît pas nécessairement dans une famille exclusivement francophone. En ce qui concerne la famille, celle-ci ne présente plus, en effet, un caractère homogène sur le plan de la langue, puisque le taux de mariages mixtes, où un parent est francophone et l'autre anglophone, va sans cesse en augmentant, ce qui favorise, dans bien des cas, l'emploi combiné du français et de l'anglais, ou simplement de l'anglais à la maison. Finalement, il est aussi important de mentionner qu'un nombre croissant d'enfants appartiennent à des familles d'origines diverses, ces dernières ayant choisi de joindre les rangs de la francophonie minoritaire. Ces individus d'origines diverses possèdent souvent une langue première qui diffère des deux langues officielles. Les enfants de ces familles ne sont donc pas, de façon générale, socialisés en français.

On peut donc affirmer que le rapport à l'identité et à la langue se dessine à l'intérieur de rapports sociaux dialectiques complexes, au moyen de pratiques sociales et langagières qui prennent place dans la vie quotidienne. Ce rapport ne peut donc pas être examiné en dehors du contexte social dans lequel il évolue, car c'est ce dernier qui lui donne son sens (Barth, 1969 ; Juteau-Lee, 1983).

Nous prenons aussi comme point de départ que le rapport à la langue possède un impact direct sur la façon dont les individus s'identifient à un groupe particulier et nous reconnaissons le rôle important que joue la langue dans la construction de l'identité. Dans le cas particulier des adolescents et adolescentes, qui font l'objet de la présente étude, la façon dont ils se définissent sur le plan de l'identité collective et du rapport à la langue aura des conséquences certaines sur leur interprétation du monde de même que sur leur position au sein de leur groupe d'appartenance. Cette position pourra elle-même varier selon les circonstances. Comme le mentionne Breton (1994), étant donné l'existence de différences contextuelles assez marquées, « on ne peut plus s'attendre à ce que les individus établissent le même type de relations avec la francophonie locale, régionale ou nationale » (p. 60) et nous nous permettons d'ajouter, ni avec le groupe majoritaire anglophone. En effet, le phénomène de mouvance que nous connaissons de nos jours en ce qui a trait à l'appartenance de groupe, c'est-à-dire un va-et-vient beaucoup plus marqué qu'avant entre les groupes utilisant le français, l'anglais et d'autres langues, a une incidence directe, selon nous, non seulement sur les rapports que les francophones entretiennent entre eux, mais également sur leurs rapports avec les autres groupes sociaux.

Ce phénomène de va-et-vient continuel au cours duquel les individus évoluent dans la société en ce qui a trait à leur positionnement vis-à-vis de la langue et de la culture viendra, par conséquent, influencer la façon dont se dessinera le parcours identitaire de ces mêmes individus. Lorsqu'on examine le phénomène de la construction identitaire chez les groupes minoritaires, il faut tenir compte de la multiplicité des rapports sociaux – de sexe, de classe, de race, etc. – et éviter de faire preuve de réductionnisme. Comme l'explique Juteau (1994), « si les minoritaires possèdent des caractères communs, à savoir leur forme de rapport à la majorité, on aurait tort d'ignorer l'existence de catégories spécifiques de minoritaires, traduisant la diversité et la spécificité des modes de hiérarchisation sociale » (p. 37).

Force est de constater qu'il est pratiquement impossible d'ignorer ce phénomène de mouvance qui caractérise les rapports sociaux et qui influence les pratiques sociales, linguistiques et culturelles des membres d'une même communauté, étant donné la multitude d'éléments qui contribuent à définir le parcours identitaire de ses membres.

L'étude qui sert ici à notre réflexion porte sur le discours identitaire des adolescents et des adolescentes qui fréquentent l'école secondaire de langue française en Ontario, où ce discours identitaire est conçu en fonction des représentations résultant de la trajectoire de vie de ces jeunes. Nous avons choisi l'école comme point central de la recherche, étant donné le caractère particulier que revêt cette institution en milieu francophone minoritaire et le rôle important qu'elle joue dans la sauvegarde de la langue et de la culture françaises. De plus, l'école constitue parfois le seul contexte où l'adolescent ou l'adolescente doit évoluer en français, le seul moment de la journée où ce jeune doit agir en tant que « francophone ». En effet, l'Église et la famille, qui constituaient auparavant deux agents puissants de reproduction linguistique et culturelle en milieu francophone minoritaire, ne sont plus autant en mesure de remplir ces rôles (Gérin-Lajoie, 1995, 1996, 1997). Puisque les francophones sont moins pratiquants qu'avant, l'Église catholique a perdu de son influence auprès de la communauté francophone minoritaire. De son côté, la famille n'est plus toujours en mesure de reproduire la langue et la culture du groupe minoritaire, puisque dans certaines circonstances, on opte plutôt pour l'utilisation de la langue de la majorité dans les échanges familiaux (Williams, 1987).

Le programme de recherche « La représentation identitaire chez les jeunes francophones vivant en milieu minoritaire »

La recherche qui sert à notre réflexion porte sur la façon dont s'articule la notion d'identité chez les jeunes qui fréquentent l'école secondaire. C'est surtout en étudiant les pratiques langagières de ces jeunes que nous examinons le processus de représentation identitaire, c'est-à-dire la façon dont ces élèves se perçoivent comme membres d'un groupe particulier. Nous examinons ce processus identitaire à l'intérieur de quatre sphères spécifiques, soit la famille, l'école, le groupe d'amis et amies et le marché du travail dans le cas de ceux et celles qui détiennent des emplois à temps partiel. Ces sphères représentent, à notre avis, les agents principaux de production et de reproduction de la langue et de la culture françaises (Gérin-Lajoie et Labrie, à paraître).

Dans ce programme de recherche, nous avons opté, en grande partie, pour une approche de recherche qualitative, de type ethnographique, et nous avons privilégié les techniques de l'entrevue, de l'observation et de l'analyse documentaire. Au début du projet, nous avons eu recours cependant à un sondage dans le but d'obtenir des informations factuelles sur le groupe visé par la recherche et de faciliter, par la suite, la sélection d'un nombre restreint de jeunes pour notre volet qualitatif. À ce titre, et contrairement à la pratique habituelle, le sondage nous a servi d'outil exploratoire plutôt que de fin en soi. Au total, 459 élèves de deux écoles secondaires franco-ontariennes y ont participé. De ce nombre, nous avons sélectionné dix adolescents et adolescentes pour participer au volet qualitatif du programme de recherche, qui s'est tenu de l'automne 1997 au printemps de l'an 2000[2].

Nous avons fait sept séjours d'une semaine dans les écoles, à raison de deux chercheurs par école. Lors de ces séjours, nous avons fait de l'observation en salle de classe, dans les corridors et dans les activités parascolaires. Les élèves sélectionnés ont participé à six entrevues semi-dirigées ; celles-ci se sont tenues lors de nos séjours dans les écoles et ont porté sur des sujets variés, mais tous en relation avec les expériences quotidiennes de ces jeunes et leur rapport à la langue. Des entrevues semi-dirigées ont également eu lieu avec les parents de ces élèves, leurs frères et sœurs, les enseignantes et enseignants qui travaillaient avec eux, ainsi qu'avec leur groupe d'amis et d'amies. Les membres de la direction de ces écoles ont également été interrogés lors d'entrevues individuelles. De plus, les jeunes sélectionnés ont participé à une rencontre d'une fin de semaine qui a eu lieu à Toronto en octobre 1999 ; les deux groupes d'élèves ont alors eu la chance de se connaître et d'échanger sur la question identitaire, le rapport à la langue et leur participation au projet de recherche.

Contexte de l'étude

L'école secondaire de langue française dont il est ici question, que nous nommerons l'école Saint-Laurent, appartient au système scolaire catholique et elle est située dans un quartier résidentiel de la région métropolitaine de Toronto. Au début de l'étude, soit en 1997, l'école comptait 337 élèves et 23 membres chez le personnel enseignant. La très grande majorité des élèves, soit 289, suivaient des cours de niveau avancé[3], les autres étant inscrits à des cours de niveau général. Même si la plupart des élèves sont nés en Ontario, on y trouve quand même une clientèle assez variée venant du Québec, de l'Acadie et de plusieurs pays étrangers tels que le Liban, la Somalie, l'Égypte et Haïti. La majorité des élèves vivent dans des familles biparentales, appartenant, en très grande partie, à la classe moyenne. Les enseignants et enseignantes sont originaires, pour la plupart, de l'Ontario français, bien que quelques-uns viennent du Québec, de l'Acadie, ainsi que de l'Espagne et du Liban. Au moment où l'étude a débuté, le personnel enseignant avait, en moyenne, treize ans d'expérience dans le domaine de l'enseignement.

Portrait de Sébastien

Sébastien était âgé de quinze ans au début de notre étude. Il est né au Québec, où il a vécu pendant quelques années avant de déménager en Ontario avec sa famille, cette dernière étant composée de son père, de sa mère et d'un frère plus jeune. C'est le travail du père qui a amené la famille dans la région métropolitaine de Toronto. Après un bref séjour cependant, la famille est retournée au Québec avant de revenir en Ontario, dans la même région, au début des années 1990, toujours en raison du travail du père. Au début de ce deuxième séjour, Sébastien était en troisième année à l'école élémentaire. Il ne parlait pas du tout anglais à ce moment-là, ce qui lui a valu le surnom de Frenchie, qu'il porte toujours.

Le père et la mère de Sébastien sont nés au Québec. Son père travaille pour le gouvernement du Québec. Au moment de l'étude, la mère de Sébastien n'occupait pas d'emploi rémunéré, mais elle avait cependant travaillé pendant quelques années dans le domaine du télémarketing, en raison de son bilinguisme. Les parents de Sébastien se considèrent Québécois. Lors d'une entrevue effectuée en 1997, ils nous ont confié vouloir retourner au Québec tôt ou tard. Ce souhait s'est réalisé en 1999 lorsque le père de Sébastien a obtenu un transfert à Montréal, où la famille habite maintenant. Pour sa part, Sébastien, qui en était à sa dernière année au palier secondaire lors de ce transfert, est demeuré dans la région métropolitaine de Toronto, dans la famille d'une amie. La jeune fille fréquente aussi l'école Saint-Laurent et ses parents, tous deux francophones, travaillent dans le domaine scolaire. Sébastien a rejoint ses parents et son jeune frère à Montréal à la fin de l'année scolaire 1999-2000 et il a entrepris, dès septembre 2000, des études universitaires en français dans une université québécoise.

Pourquoi avoir choisi Sébastien, puisque ce dernier n'est pas né en milieu francophone minoritaire et que ses parents ont entretenu, au fil des ans, des rapports assez serrés avec le Québec ? Nous répondrons à cette question en disant que la situation de Sébastien ne nous est pas apparue très différente de celle des autres jeunes qui ont participé à notre étude pour les raisons suivantes : 1) il faut en effet se rappeler que Sébastien a vécu la majeure partie de sa vie en Ontario, et ce, dans un milieu très minoritaire – le court séjour qu'il a fait au Québec remontait en effet à plus de dix ans, au moment où s'est tenue notre étude ; 2) Sébastien ne constitue pas une exception parmi la clientèle des écoles minoritaires de langue française, puisque de plus en plus d'élèves sont nés ailleurs qu'en Ontario, soit dans d'autres provinces ou territoires canadiens, ou encore à l'étranger ; 3) il est très courant que les parents entretiennent encore des liens serrés avec le Québec, ou avec d'autres milieux francophones majoritaires, même dans le cas des jeunes qui sont nés en Ontario.

Sébastien et son rapport à la langue

Au début du projet de recherche, Sébastien se définissait comme francophone. Trois ans plus tard, il se décrit plutôt comme bilingue, et il lui semble parfois difficile de définir la langue dominante. Dans le milieu familial de Sébastien, le français a toujours été la langue d'usage. Les échanges entre les parents et les enfants se font en effet toujours en français. Il arrive cependant que les enfants conversent entre eux en anglais et que, pour certaines activités, comme la télévision, ils privilégient l'anglais. Dans la famille où il a résidé en 1999-2000, les échanges se faisaient exclusivement en français : au moment de l'entrevue, Sébastien vivait donc dans un environnement familial totalement francophone.

Son milieu de vie, tant familial que d'accueil, lui fournit un environnement propice à l'utilisation du français, puisque les activités quotidiennes se font presque exclusivement en français. Dans une entrevue effectuée en mai 1999, Sébastien parle de la langue française en termes d'héritage, de quelque chose qu'il a reçu de ses ancêtres. En parlant de la langue française, il nous dit :

> Ça représente qu'est-ce qu'on a appris de nos parents, qu'est-ce que nos parents ont appris de leurs parents eux-mêmes, c'est ce qu'ils pratiquent entre eux, c'est la façon qu'ils communiquent [...] Ils ne devraient pas la perdre.

Son séjour dans sa famille d'accueil semble également influencer la façon dont il se perçoit par rapport à la langue française et à son appartenance identitaire. Son rapport à la langue est quelque peu ambigu à ses yeux. Il dit se sentir francophone mais, paradoxalement, il est amené à utiliser l'anglais dans ses activités quotidiennes. Sébastien semble s'interroger en ce qui a trait à son positionnement par rapport à la langue. Il nous faisait, à ce propos, la réflexion suivante, dans une entrevue effectuée en février 2000 :

> Je suis francophone oralement mais comme, visuellement je suis plus anglophone – bilingue anglophone, parce que j'aime mieux écouter des shows anglais.

Lors de nos séjours à l'école, nous avons noté que Sébastien parlait souvent en anglais, et ce, même à l'intérieur de la salle de classe, au moment d'activités individuelles. Il s'adressait toutefois aux enseignants et aux enseignantes en français lorsqu'il posait des questions ou donnait ses commentaires. Il nous a expliqué qu'il utilisait le français avec les personnes qui s'adressaient à lui en français et l'anglais avec celles qui lui parlaient d'abord en anglais. Ses enseignants et ses enseignantes disent de Sébastien qu'il s'exprime très bien en français, même s'ils reconnaissent qu'il se sert parfois de l'anglais dans ses rapports avec les autres. Une enseignante affirme même que Sébastien est un « francophone convaincu ».

Sur le plan social, le groupe d'amis de Sébastien se compose principalement de garçons qui fréquentent la même école secondaire que lui. Ces amis sont de nationalités diverses : du Liban, d'Haïti et d'Arménie. Ces derniers parlent donc plusieurs langues et le français n'est pas nécessairement leur langue première. La plupart du temps, Sébastien et ses amis se parlent en anglais en dehors de la salle de classe et lorsqu'ils font des activités à l'extérieur de l'école, par exemple lorsqu'ils vont au cinéma ou au restaurant.

On constate que le rapport à la langue entretenu par Sébastien varie. Ce rapport est en effet influencé par les divers acteurs sociaux avec lesquels Sébastien se trouve en contact. Par exemple, dans le contexte familial, Sébastien fonctionne en français. Dans le contexte scolaire, c'est la même chose avec le personnel enseignant. Avec ses amis, cependant, la langue d'usage privilégiée au sein du groupe est l'anglais, même si Sébastien demeure toujours Frenchie aux yeux de ses amis et qu'il continue à être perçu comme francophone. Dans le contexte de son emploi d'été, Sébastien a été appelé à se servir des deux langues. En effet, à l'été 1999, Sébastien a décroché un emploi en grande partie à cause de son bilinguisme. Il a travaillé pour une compagnie canadienne ayant une clientèle à Montréal et à Ottawa, qui exigeait la connaissance du français et de l'anglais comme critère d'embauche. Il a pu ainsi se rendre compte de la valeur de la langue française, puisqu'elle lui a permis d'accéder à un marché économique différent, qui n'est pas accessible aux unilingues francophones ou anglophones. Dans ce contexte, la maîtrise du français possède une valeur marchande appréciable. Finalement,

Sébastien nous a aussi déclaré que sa participation à notre projet de recherche l'avait porté à s'interroger sur son rapport à la langue française aussi bien qu'à la langue anglaise. Il nous a dit avoir pris conscience que le français est une langue dominée. Il se dit maintenant plus sensible au fait que l'anglais est la langue dominante et à l'importance de conserver sa langue et sa culture françaises. Il se dit donc « francophone et puis un peu anglophone ». Les milieux familial, scolaire et social de Sébastien contribuent à la construction de son identité et de son rapport à la langue. On se rend compte, en effet, lorsqu'on examine les données fournies par Sébastien pendant les trois années du projet, que sa façon de se percevoir sur le plan identitaire semble varier selon le contexte. Un phénomène de mouvance semble donc marquer les rapports linguistiques et sociaux entretenus par Sébastien. On se souviendra que le jeune homme s'est d'abord déclaré francophone, pour ensuite se définir comme bilingue, situation dans laquelle le français domine parfois alors que dans d'autres cas, c'est l'anglais qui prend la vedette. Bien qu'il se définisse comme bilingue, Sébastien insiste quand même sur l'importance de la langue et de la culture françaises dans sa vie.

Conclusion

On se rend compte en examinant le parcours identitaire du jeune Sébastien que son rapport à la langue n'est ni statique ni linéaire. Ce dernier croit en effet qu'il est francophone, mais il reconnaît également qu'il fait beaucoup d'activités en anglais. Nous reprenons donc ici notre question de départ. Comment le rapport à la langue évolue-t-il dans de telles circonstances ? Sébastien se dirige-t-il vers une assimilation accélérée et inévitable au groupe majoritaire anglophone ou se trouve-t-il plutôt au cœur même de représentations et de pratiques langagières en mouvance, qui sont le résultat de rapports sociaux dialectiques ? Si tel est le cas, on ne serait pas témoin, ici, d'un positionnement définitif en ce qui concerne la langue. Le parcours identitaire d'un individu ne serait donc pas tracé d'avance, pas plus qu'il ne serait statique. Ce parcours identitaire serait plutôt influencé par les diverses circonstances de la vie quotidienne, ce qui donnerait place à un va-et-vient continuel, à un certain phénomène de mouvance en ce qui concerne le rapport à la langue et à l'identité.

Dans le cas de Sébastien, nous optons ainsi pour l'idée de la mouvance plutôt que de conclure à une assimilation inévitable, puisque nos données semblent indiquer que ce sont en fait les pratiques sociales qui déterminent le rapport à la langue et que ces pratiques, pour les jeunes qui fréquentent les écoles minoritaires de langue française, varient grandement en fonction du milieu familial et du groupe d'amis et amies. Le fait que les jeunes qui fréquentent les écoles minoritaires de langue française n'utilisent pas exclusivement le français ne signifie pas le rejet automatique de cette langue dans leur vie d'adultes. Pour certains de ces jeunes, ce sera le cas, alors que pour d'autres, le français restera bien vivant. Se définir comme bilingue ne signifie pas non plus qu'on n'attache pas d'importance à la langue et à la culture françaises. L'étude que nous venons de terminer montre bien que le rapport à la langue est perçu de plusieurs façons par les jeunes qui ont participé au projet. Pour ceux et celles qui disent posséder une identité bilingue, il apparaît impossible d'arriver à une définition unique de ce concept, puisque les discours identitaires tenus par ces adolescents et adolescentes varient et qu'ils reflètent un positionnement dynamique, en mouvement perpétuel et en constante évolution.

Notre réflexion nous amène ainsi à penser que la construction de l'identité se fonde sur les divers positionnements dont font preuve les individus dans leur vie quotidienne. Comme nous l'avons mentionné plus tôt, devenir ou demeurer francophone, par exemple, n'est pas toujours un choix arrêté de la part des individus. Cependant, même si nous croyons que, de façon générale, c'est le contexte social qui donne son sens à l'identité, il ne faudrait pas non plus faire preuve de réductionnisme. Il est nécessaire de se rappeler que les individus eux-mêmes jouent un rôle important dans les choix qu'ils font en ce qui a trait à leur façon de vivre, et ce, dans les divers domaines de leur existence.

Nous ne sommes, cependant, qu'à l'étape de l'analyse initiale. Un examen plus approfondi de nos données nous permettra de décortiquer davantage ce phénomène de mouvance que nous avons décelé au cours des trois années d'existence du projet de recherche et de voir de quelles façons ce phénomène vient influencer le rapport à la langue entretenu par les adolescents et les adolescentes qui ont participé à l'étude.

BIBLIOGRAPHIE

BARTH, Frederic (dir.) (1969), *Ethnic Groups and Boundaries : The Social Organization of Culture Difference*, Boston, Little, Brown.

BRETON, Raymond (1968), « Institutional completeness of ethnic communities and the personal relations of immigrants », dans B.R. BLISHEN *et al.* (dir.), *Canadian Society : Sociological Perspectives*, Toronto, MacMillan of Canada, p. 77-94.

BRETON, Raymond (1994), « Modalités d'appartenance aux francophonies minoritaires. Essai de typologie », *Sociologie et sociétés*, vol. 26, n° 1, p. 59-69.

CARDINAL, Linda (1994), « Ruptures et fragmentations de l'identité francophone en milieu minoritaire. Un bilan critique », *Sociologie et sociétés*, vol. 6, n° 1, p. 71-86.

GÉRIN-LAJOIE, Diane (1995), *L'école secondaire de Pain Court : une étude de cas (Étude nationale du Projet des écoles exemplaires)*, Toronto, Association canadienne d'éducation, 144 p.

GÉRIN-LAJOIE, Diane (1996), « L'école minoritaire de langue française et son rôle dans la communauté », *The Alberta Journal of Educational Research*, vol. 42, n° 3 (septembre), p. 267-279.

GÉRIN-LAJOIE, Diane (1997), « Le rôle de l'école de langue française située en milieu minoritaire », *Thèmes canadiens/Canadian Themes*, vol. 19, p. 95-105.

GÉRIN-LAJOIE, Diane et Normand LABRIE (à paraître), « Le discours identitaire : un cadre conceptuel », Communication présentée au colloque « Centralité de la marginalité », 66ᵉ Congrès de l'ACFAS, mai 1998.

JUTEAU-LEE, Danièle (1983), « La production de l'ethnicité ou la part réelle de l'idéel », *Sociologie et sociétés*, vol. 15, n° 2, p. 39-55.

JUTEAU, Danièle (1994), « Essai – Multiples francophonies minoritaires : multiples citoyennetés », *Sociologie et sociétés*, vol. 26, n° 1, p. 33-45.

WELCH, David (1991), « Les luttes pour les écoles secondaires franco-ontariennes », *Revue du Nouvel-Ontario*, n°s 13-14, p. 109-131.

WILLIAMS, Glenn (1987), « Bilinguism, class dialect and social reproduction », *International Journal of Sociology of Language*, vol. 66, p. 85-98.

NOTES

1. Le programme de recherche dont il est ici question s'intitule *La représentation identitaire chez les jeunes francophones vivant en milieu minoritaire*. Il a été subventionné par le Conseil de recherches en sciences humaines du Canada et s'est déroulé de 1997 à 2000. Ajoutons cependant que des données provenant d'une autre étude intitulée *La construction identitaire dans les communautés francophones minoritaires* ont aussi servi à notre analyse sur les parcours identitaires des jeunes.

2. Une adolescente du groupe sélectionné a changé d'école pendant la deuxième année de cueillette. Nous l'avons donc suivie dans ce nouvel environnement, ce qui a porté ainsi le nombre total d'écoles à trois.

3. Le système scolaire ontarien comprend trois niveaux de difficulté au palier secondaire : avancé, pour les élèves qui veulent entreprendre des études universitaires ; général, pour les élèves qui s'inscrivent au niveau collégial ou qui entrent sur le marché du travail ; fondamental, pour les élèves qui ne poursuivent pas d'études postsecondaires.

LANGUE ET IDENTITÉ CULTURELLE : POINTS DE VUE DES JEUNES FRANCOPHONES DU MANITOBA[1]

Jean Lafontant
Collège universitaire de Saint-Boniface

Dans ce texte, j'exposerai quelques résultats d'un sondage effectué au printemps 1998 auprès des jeunes finissants des écoles de la Division scolaire franco-manitobaine (DSFM), au sujet des diverses facettes de leur pratique langagière, des valeurs relatives qu'ils reconnaissent aux langues officielles ainsi que de leur sentiment d'appartenance culturelle. J'insisterai moins sur ce dernier point, l'ayant déjà exposé en détail à d'autres occasions (Lafontant, 2000 ; Lafontant et Martin, 2001).

Quand on examine le paysage identitaire canadien non pas *d'en haut*, à partir du discours des associations, des élites politiques et culturelles, mais *d'en bas*, à partir du discours des individus, dans le cadre de leur vie quotidienne, le portrait n'est pas aussi net, voire : il n'est pas nécessairement le même.

Quelques balises méthodologiques

La population de notre sondage (N=217, échantillonnage aléatoire, stratifié selon le poids démographique des écoles secondaires de la DSFM) était constituée des finissants du cycle secondaire des écoles de la DSFM. Il s'agissait donc, comme on dit, des jeunes « ayant droit » à la fréquentation des écoles françaises, selon l'article 23 de la Charte canadienne des droits et libertés et l'interprétation locale qu'on fait de cet article. Certes, les parents de tous les ayants droit ne sont pas nécessairement, tous les *deux*, de langue maternelle française. Dans le sondage, nous avons trouvé que le cas où les deux parents sont de langue maternelle française concernait seulement 72,4 % des interrogés. Dans l'analyse qui suit, et à moins de spécification contraire, les données de sondage se rapportent aux 157 jeunes (sur les 217 de l'échantillon initial) dont les deux parents sont de langue maternelle française.

De plus, quelques données publiées ici feront référence à des entrevues semi-dirigées que nous avons réalisées avec 31 des 217 répondants au sondage (toutes caractéristiques confondues), choisis au hasard, et selon le même critère de stratification mentionné plus haut. Ces entrevues visaient à recueillir les points de vue des jeunes, sur les mêmes thèmes que ceux du sondage : pratiques langagières, affiliation culturelle (le cas échéant), de manière plus explicite et détaillée que dans des réponses à choix fermés.

Problématique

Les jeunes Manitobains de langue parentale française ressemblent à s'y méprendre à leurs pairs de langue anglaise[2], excepté qu'ils possèdent les deux langues officielles. Partant de cette prémisse la question qui se pose est la suivante : dans quel contexte sont-ils motivés à arborer en public non pas cette *différence* (puisque il n'y a pas véritablement d'*altérité* identitaire par rapports aux pairs anglophones), mais plutôt cet *avantage de performance* (la capacité de communiquer dans les deux langues officielles) qui est le leur ?

La réponse à cette question suppose clarifiées et démontrées les hypothèses suivantes :

1) Les jeunes Manitobains de langue française sont bilingues en cela qu'ils utilisent l'une et l'autre langue dans leurs communications en général, voire au sein de leur famille immédiate.

2) La langue française est perçue comme un héritage familial, un avantage de départ. Cependant, cet avantage est de l'ordre de la performance. En d'autres termes, on peut l'acquérir (même si on n'en a pas hérité), mais on peut également la perdre ou l'améliorer.

3) La langue française, tout comme les autres langues, ne porte pas en elle des valeurs culturelles intrinsèques. Elle est un outil de communication, en devenir.

Discussion

Dans ce qui suit, je vais essayer de résumer les pratiques et points de vue des répondants à notre enquête et montrer en quoi ils appuient ces trois hypothèses.

Hypothèse 1 : les pratiques bilingues des jeunes francophones

L'usage de l'anglais est fréquent au sein des familles des adolescents francophones que nous avons interrogés. Ceux-ci rapportent même que leurs parents ont tendance davantage aujourd'hui qu'autrefois à s'adresser à eux en anglais. Entre l'enfance et la fin de l'adolescence, le transfert linguistique vers l'anglais est en moyenne de 26,5 %, lorsque la communication est entamée par le parent.

Les adolescents s'adressent moins souvent à leur mère en français (54,8 % des adolescents le font) que celle-ci ne le fait elle-même en s'adressant à eux (67,5 %). Le même phénomène, mais de moindre ampleur, se note aussi dans la communication avec le père (respectivement 53,5 % et 61,1 %). Ces observations laissent penser que le recours décroissant au français dans la communication entre la mère et l'adolescent vient peut-être de ce que celui-ci s'adresse souvent à sa mère en anglais. L'*initiative* apparente de la mère francophone de s'adresser à son jeune en anglais ne serait dans ce cas qu'un effet, une réponse, à la position adoptée par le jeune lui-même.

De plus, on constate une légère mais constante différence dans la langue de communication entre le père et le jeune, l'anglais étant plus fréquemment employé que dans les communications avec la mère. Bernard (1991, p. 68) avait également noté ce phénomène. Serait-ce parce que la mère est davantage perçue – et peut-être se perçoit elle-même – comme témoin de la tradition, de l'intimité de la « langue maternelle » comme on dit, alors que la figure du père serait davantage associée à la sphère publique ?

En résumé, chez les jeunes dont les deux parents sont de langue maternelle française, il existe un problème de transfert linguistique vers l'anglais (Bernard, 1991 ; Castonguay, 1993), dans les années qui vont de l'enfance à la fin de l'adolescence. Ce transfert est sensible même dans les communications intrafamiliales.

Cependant, lorsque l'on introduit dans l'analyse deux variables supplémentaires pour caractériser la situation professionnelle des parents – leur niveau professionnel (col blanc / col bleu) et la nécessité ou non d'utiliser le français dans leur profession –, on se rend compte que le groupe spécifique des parents *cols blancs travaillant en français* a une tendance marquée non seulement à s'adresser en français aux jeunes pendant l'enfance (à 100 %, disent les répondants), mais également de continuer à le faire pendant l'adolescence : 95,6 % dans le cas des mères et 91,3 % dans celui des pères. Or la situation est très différente chez les *cols bleus travaillant en français* : alors qu'ils interagissent en français avec leur jeune pendant l'enfance presque autant que les parents *cols blancs travaillant en français*, cette pratique chute radicalement à l'adolescence : une chute de 42 % (de 91,7 % à 50 %) dans le cas de la communication mère-enfant et de 25 % (de 83,3 % à 58,4 %) dans le cas des pères.

Dans les familles où les deux parents sont de langue maternelle française, occupe des emplois de col blanc pour lesquels le français n'est pas requis, le comportement linguistique est le suivant : dans la communication mère-enfant, le transfert linguistique vers l'anglais est de 24,2 % (98,4 % – 74,2 %), et de 27,1 % pour les pères (91,9 % – 63,5 %).

Par ailleurs, 51 % des jeunes dont les deux parents sont de langue maternelle française (toutes professions confondues) se disent plus à l'aise en français qu'en anglais. Ils reconnaissent toutefois maîtriser également les deux langues, sur le plan de la compréhension et de la lecture. Pour ce qui est de l'oral, 80,9 % disent « parfaitement ou très bien » parler l'anglais, pourcentage qui tombe à 69,5 % quand il s'agit du français. Enfin, la plupart préfèrent l'anglais comme médium de communication, autant dans les situations intimes (par exemple, exprimer des sentiments amoureux) que dans des situations pragmatiques (par exemple lire un mode d'emploi)[3]. Ces choix correspondent aux attentes qu'ils croient percevoir de leurs concitoyens de la province : 69 % sont d'accord avec l'affirmation selon laquelle « être francophone au Manitoba, ça veut dire être bilingue ».

Ici encore, quand on introduit dans l'analyse deux variables supplémentaires pour caractériser la situation professionnelle des parents – soit leur niveau professionnel (selon la dichotomie *col blanc* / *col bleu*) et la nécessité ou non d'utiliser le français dans l'exercice de leur profession –, on note que la tendance à préférer l'usage du français est considérablement plus élevée chez les jeunes dont les deux parents sont des *cols blancs travaillant en français*. Du reste, la variable langue de travail des parents, plus que celle de leur niveau professionnel, exerce un net effet sur la préférence d'usage du français par leur jeune. Cependant, le niveau professionnel du *père* (indépendamment de sa langue de travail) semble aussi exercer un effet spécifique.

Bref, dans leurs communications avec leurs amis, intimes ou occasionnels, ainsi qu'avec leurs parents, une très forte proportion des jeunes font usage des deux langues officielles. À peine 20 % affirment ne s'adresser à leurs parents qu'*en français seulement*. Ce qui est en cause ici, ce n'est pas simplement l'aisance dans le passage d'une langue à l'autre. Souvent, dans une même phrase, le français et l'anglais se mêlent, comme en fait foi le corpus des entrevues. Certes, les jeunes *conçoivent* qu'il s'agit de deux systèmes linguistiques indépendants, mais dans la *pratique*, ils y portent peu attention. Des expressions, des mots, des traits morphosyntaxiques de l'une (généralement l'anglais) sont insérés dans l'autre (généralement le français), ce qui finit par donner un véritable créole[4] en l'espèce : un franglais. Ces pratiques dépassent peut-être la distinction, par ailleurs utile, entre le bilinguisme additif et soustractif. En effet, certains poètes et romanciers franco-manitobains, quoique maîtrisant fort bien les deux langues, font un usage volontaire de ce mélange comme moyen privilégié d'expression.

Hypothèse 2 : la langue française, héritage familial, sans doute, mais également héritage public – accessible, répudiable et transmissible par tous

Dans les entrevues, nous avons demandé aux jeunes, entre autres questions, d'évaluer l'importance relative que revêtaient pour eux les caractéristiques ethnolinguistiques dans le choix d'un partenaire amoureux occasionnel ou d'un conjoint.

1) Dans la mesure où il s'agit du choix d'un partenaire actuel, « occasionnel » (c'est-à-dire avec qui le mariage n'est pas nécessairement envisagé), 55 % des jeunes estiment que la langue de ce partenaire n'a pas d'importance ; 19 % estiment qu'au contraire elle en a, le reste se divisant dans l'entre-deux.

2) Cependant, dans la mesure où il s'agit d'une situation où le mariage serait envisagé, les résultats sont inversés. Les jeunes expliquent ce revirement parce qu'ils associent intellectuellement l'exogamie avec une des difficultés appréhendées de transmis-

sion de la langue française à leurs enfants. En effet, 77 % pensent qu'il est plus difficile de transmettre le français dans un foyer où l'un des deux parents n'est pas francophone.

Cela dit, tous les jeunes ne pensent pas qu'un conjoint anglophone rende *impossible* la transmission du français. Il n'existe pas une conviction absolue selon laquelle le mariage avec un non-francophone *empêcherait* cet objectif. De plus, il y a loin de la coupe aux lèvres : il n'est pas sûr que le critère de la langue vienne défaire le doux lien, au moment où surgira le désir de contacter mariage avec une personne dont on était tombé amoureux, croyait-on, « occasionnellement ». Entre la crainte des conséquences de l'exogamie sur les pratiques langagières et la conviction de leur droit absolu de se marier librement, par amour, les jeunes résolvent la contradiction éventuelle par l'affirmation que la transmission de la langue et des caractéristiques culturel-les est après tout affaire de volonté personnelle. Pour se conforter dans cette croyance, certains interviewés évoquent parfois des exemples d'exogamie au sein de leur parenté personnelle. Ces exemples leur servent également d'argument contre une éventuelle demande familiale d'épouser une ou un francophone, sachant qu'ils peuvent toujours rétorquer que tel oncle ou telle cousine l'aurait déjà fait sans qu'on ne les marginalise.

Du reste, la socialisation aux normes de la modernité au sein même de leur génération, ainsi que l'idéologie libérale transmise par l'école, fondent la conviction des jeunes d'être seuls maîtres et responsables de leur vie profes-sionnelle et sentimentale.

En entrevue, 30 jeunes sur 31 ont affirmé que, le cas échéant, leurs amis ne désapprouveraient aucunement un mariage exogame. Quant aux parents, les deux tiers trouveraient cela acceptable, ou du moins ne réagiraient pas néga-tivement, tandis que le dernier tiers seraient un peu ou très déçus. Toutefois, selon les jeunes, les parents déçus (sauf un cas sur 31) ne s'aviseraient pas de les dissuader de leur projet ni même peut-être d'exprimer ouvertement leur désapprobation.

En situation minoritaire, l'exogamie n'est pas un phénomène étonnant. Dans une étude sur l'évolution de l'intégration de divers groupes ethniques à Toronto, Isajiw (1999, p. 171) montre que ce phénomène s'observe dans tous les groupes ethnoculturels, quoique à un rythme et à une ampleur variables, selon les groupes. Dans l'ensemble, 20 % des immigrants (soit les « arrivants », ceux de première génération) contractent mariage en dehors de leur groupe, alors que ces chiffres grimpent à 50 % à la deuxième génération et à 68 % à la troisième.

Hypothèse 3 : la maîtrise du français et de toute langue est un atout personnel

Dans l'entrevue, une question se formulait comme suit : « Au Manitoba, quand tu compares le coût (temps, énergie) de l'apprentissage d'une langue et les avantages personnels (pour les *jobs* surtout) que la connaissance des langues peut apporter, dirais-tu que c'est payant ou pas payant d'être : *unilingue anglais ? unilingue français ? bilingue anglais-français ?* ».

La question visait donc à mesurer la perception des langues en tant qu'outils de communication dans la vie quotidienne. La question sollicitait même très clairement une évaluation de la *productivité* de l'apprentissage de diverses langues, au Manitoba. En d'autres termes, selon les jeunes répondants, les bénéfices de l'apprentissage du français, de l'anglais et éventuellement de langues supplémentaires justifient-ils la dépense en énergie et en argent qu'exige leur apprentissage ?

La très grande majorité des répondants se sont limités au cadre de la question, soit à la dimension *utilitaire* des langues, d'autant plus que celle-ci constitue généralement la pierre angulaire de leur conception propre. Cependant, quelques répondants ont choisi d'y ajouter une dimension identitaire, selon laquelle la connaissance des deux langues constitue un élément essentiel à l'appartenance canadienne, ou encore la connaissance du français soutient le sentiment d'être Canadien français ou Franco-Manitobain.

Les répondants conçoivent qu'au Manitoba, il est possible de vivre en anglais sans connaître le français, alors que l'inverse (parler français mais non l'anglais) limiterait considérablement les possibilités professionnelles et les rapports civils. De leur point de vue, la situation idéale est le bilinguisme anglais-français, bien que plusieurs aillent plus loin et proposent la connaissance individuelle d'autant de langues que possible.

L'anglais n'est pas perçu par les jeunes comme une langue apprise, dans le sens scolaire du mot : il leur est venu naturellement, comme le français, à force de l'entendre, dès le jeune âge. Le parler ne représente guère un obstacle à vaincre, des difficultés à maîtriser, comme cela pourrait l'être, par exemple, pour de jeunes Belges. L'anglais est une langue qui va de soi, familière à tous les Canadiens (hors Québec). Sa maîtrise n'est donc point perçue comme un sujet d'orgueil.

La véritable réalisation dont les jeunes francophones sont fiers et qui, de leur point de vue, les distinguent de leurs pairs unilingues anglophones, c'est le fait qu'ils possèdent *une langue de plus*. Cette dernière est celle de leur tradition familiale. Quelques interviewés soulignent cette particularité identitaire. Cependant, la très grande majorité des jeunes qui ont répondu au sondage mettent plutôt l'accent sur son caractère non pas tant de *nécessité* (54 % ne croient pas qu'il soit nécessaire de bien connaître le français pour réussir dans la vie) que *d'atout supplémentaire*, compte tenu qu'il s'agit d'une des deux langues officielles du Canada, et donc des bénéfices que cet atout est susceptible de leur offrir dans le marché de l'emploi et dans les communications internationales. Certains explicitent même le genre d'avantage que leur apporte le français par analogie à ce que représente la langue espagnole, aux États-Unis. Bref, ce par rapport à quoi ils mesurent leur supériorité, ce n'est pas la maîtrise parfaite de leur langue parentale, mais la connaissance de deux langues et éventuellement d'une troisième voire d'une quatrième (l'espagnol, l'allemand et le chinois sont des exemples parfois proposés par les interviewés).

En ce qui concerne la perception des jeunes quant au statut de prestige du français et de l'anglais au Canada, il se dégage une impression de neutralité face aux débats (justifiés ou non) des mérites respectifs du français et l'anglais. Les répondants au sondage sont *en désaccord* avec l'idée qu'il est plus naturel de parler l'anglais plutôt que le français et que ce dernier serait une langue de pratique familiale tandis que l'anglais s'affirmerait en tant que langue publique. Mais ils sont également – et massivement (à 90 %) – en désaccord avec l'idée qu'« avoir deux langues officielles représente une source de problèmes » et qu'« en public, c'est plus *cool* de parler français ». Enfin, 63,3 % sont d'accord avec l'idée que « les francophones sont une minorité comme les autres », tandis qu'il sont très partagés et sans conviction tranchée au sujet de l'affirmation suivante « les anglophones se considèrent supérieurs aux francophones hors Québec ».

Parce que leur position ressemble à celle du « bilinguisme officiel » mis en place par le gouvernement fédéral depuis 1969, on a qualifié ces jeunes d'« enfants de Trudeau ». Il me semble que cette qualification est aujourd'hui insuffisante : c'est d'« enfants du monde » qu'il faudrait plutôt parler. En effet, bien qu'ils ne le formulent pas en ces termes, il ne semble pas qu'il y ait pour ces jeunes une telle chose qu'une *hiérarchie* linguistique de droit, mais seulement un *marché* des langues. Cette conception libertaire, apparemment indifférente au prestige politique des langues, leur vient peut-être, entre autres influences, de l'idéologie du multiculturalisme, proclamée par les institutions fédérales. Or l'école est l'un des appareils les plus sollicités dans la diffusion de l'idéologie officielle canadienne de « l'égalité dans la diversité ».

Conclusion

Je viens de proposer l'idée que les jeunes interviewés projetaient une apparente indifférence au prestige politique des langues. En guise de conclusion, je vais expliciter et résumer ce que je crois être leur position.

Les jeunes sont conscients que la minorité de langue officielle à laquelle ils appartiennent n'est pas une minorité ethnique comme les autres. Dans leur famille, mais surtout à l'école, ils apprennent les tenants et aboutissants de leur statut national officiel. Or l'école, tout en faisant la promotion de l'idéologie de l'appartenance à un groupe historique, diffuse en même temps une autre idéologie officielle : celle de l'égalité dans la diversité, sans compter les autres valeurs et normes de la modernité, voire de la postmodernité : l'individualisme, le libre choix, la réussite par l'effort individuel, la permanence du changement, le bricolage identitaire.

La réconciliation de ces deux idéologies (celle de la préséance et celle de l'égalité) s'opère dans l'esprit des jeunes en transformant un – sinon *le* – trait de leur héritage historique en marchandise, une marchandise accessible à tous, mais dont il sont fiers d'être les bénéficiaires pour ainsi dire *choisis*.

Cette position – objectivement astucieuse – comporte des avantages supplémentaires. Elle garde tous les horizons ouverts aux désirs et aux actions des jeunes francophones, et elle réduit au minimum les risques de ressentiment et d'envie de la part de leurs pairs anglophones, en particulier dans les communautés rurales relativement isolées où les francophones sont très minoritaires et donc où la bonne entente et l'intégration sont nécessaires aux rapports quotidiens.

BIBLIOGRAPHIE

BERNARD, Roger (1991), « Un avenir incertain. Comportements linguistiques et conscience culturelle des jeunes Canadiens français », *Vision d'avenir*, livre III, Commission nationale d'étude sur l'assimilation, Ottawa, Fédération des jeunes Canadiens français inc.

BRASSEUR, Patrice (dir.) (1988), *Français d'Amérique : variation, créolisation, normalisation*, Actes du colloque « Français d'Amérique du Nord en situation minoritaire » (Université d'Avignon, 8-11 octobre 1996), Avignon, Centre d'études canadiennes, Université d'Avignon.

CASTONGUAY, Charles (1993), « Le déclin des populations francophones de l'Ouest canadien », *Cahiers franco-canadiens de l'Ouest*, vol. 5, n° 2 (automne), p. 147-153.

ISAJIW, Wsevolod, W. (1999), *Understanding Diversity : Ethnicity and Race in the Canadian Context*, Toronto, Thompson Educational Publishing.

LAFONTANT, Jean (2000), « Les "Je", dans la chambre aux miroirs », *Francophonies d'Amérique*, n° 10, Les Presses de l'Université d'Ottawa, p. 53-68.

LAFONTANT, Jean et Thibault MARTIN (2000), « L'amour de la langue et les langues de l'amour », *Recherches sociographiques*, vol. 41, n° 3, p. 479-507.

POIRIER, Claude (dir.) (1994), *Langue, espace, société : les variétés du français en Amérique du Nord*, avec la collaboration de Aurélien BOIVIN, Cécyle TRÉPANIER et Claude VERREAULT, Sainte-Foy, Les Presses de l'Université Laval.

NOTES

1. Cette communication est la version remaniée, avec ajouts, d'une communication livrée le 23 mars 2000 dans le cadre du colloque *Relations entre anglophones et francophones du Canada : passé, présent et avenir. Un point de vue anglophone et francophone*. Organisé conjointement par l'Institut de recherche en politique publique et par l'Association d'études canadiennes, ce colloque a eu lieu à Saint John's College, University of Manitoba.

2. Socialisation culturelle semblable, traits phénotypiques « européens ». Je laisse ici de coté le phénomène croissant, mais encore statistiquement marginal, des francophones vivant actuellement au sein des « communautés » françaises hors-Québec, mais qui peuvent être de culture sensiblement différente de celle des francophones de souche plus ancienne et marqués de traits phénotypiques différents de ceux de l'Européen blanc.

3. Le pourcentage des jeunes qui préfèrent l'usage de l'anglais est de : 60,6 % dans l'expression de sentiments amoureux ; 59 % dans la discussion de problème personnel ; 55 % dans l'action de communiquer une directive à quelqu'un ; 84,7 % dans la lecture d'un mode d'emploi.

4. Pour discussion, voir, entre autres Brasseur (1998) et Poirier (1994).

LA FRANCOPHONIE MINORITAIRE DIX ANS APRÈS LA DÉCISION MAHÉ : JURISPRUDENCE (AVEC ARSENAULT-CAMERON, JANVIER 2000) ET ÉTAT DES LIEUX (L'ESPACE DES JEUNES)

Paul Dubé
Université de l'Alberta

Les grandes victoires juridiques et constitutionnelles des dix dernières années (Mahé et Arsenault-Cameron) définissent l'étendue de la jurisprudence en matière d'éducation française en milieu minoritaire et procurent à la fois une légitimation nécessaire à des communautés qui languissaient dans un état d'assimilation galopante, incapables de se représenter un avenir quelconque. Aujourd'hui, la situation s'est transformée : les communautés se sont dotées d'un réseau institutionnel important et les gouvernements provinciaux ont répondu – malgré tout, mais sans empressement – aux obligations imposées par les tribunaux.

Cependant, une grande question ne cesse de revenir nous hanter : la francophonie d'aujourd'hui – composée notamment de la génération née dans les années suivant la Loi sur les langues officielles (1969) et l'avènement de la Charte canadienne des droits et libertés (1982) – est-elle en mesure de profiter pleinement de la reconnaissance que le droit lui accorde ? A-t-elle des assises communautaires analogues à l'étendue de la jurisprudence et du réseau institutionnel créé dans le sillage de ces deux moments marquants de son histoire ?

À la question sur l'avenir de la francophonie albertaine posée récemment lors d'une émission radiophonique pour marquer le 50e anniversaire de la fondation de la radio française en Alberta, la presque totalité des intervenants (y compris Albert Jacquard[1], qui a émis des commentaires très positifs) ont affirmé sans retenue et sans ambiguïté que la francophonie n'avait jamais été aussi bien positionnée pour assurer son avenir et qu'il ne faisait aucun doute qu'elle allait survivre. Comme je participais à l'émission spéciale, j'ai pu constater que ces discours de certitude étaient tenus par des membres de l'*establishment* ou par des gens liés à l'*establishment* francophone qui peuvent avoir une vision quelque peu teintée de leur espace existentiel, pour ne pas parler de l'idéologie qu'ils véhiculent.

Or d'autres indicateurs ainsi que d'autres intervenants nous apportent une perspective beaucoup plus nuancée et problématisée de la situation, en cela semblable au fameux rapport du sénateur Jean-Maurice Simard, présenté en novembre 1999 au Sénat, intitulé : « De la coupe aux lèvres : un coup de cœur se fait attendre[2] ». En effet, des représentants régionaux, par exemple, parlent de taux d'assimilation critique, du problème de l'exogamie, du manque de fierté à l'égard de la langue et de l'identité françaises, de l'incapacité des organismes à rejoindre les gens dans leur vécu, de la perte de l'habitude du français au quotidien, des difficultés chez les jeunes à s'exprimer en français. À cela ajoutons les phénomènes de globalisation/mondialisation culturelle, c'est-à-dire l'omniprésence de la culture anglo-américaine, le consumérisme, la quasi-disparition de la référence chez les jeunes, la valeur du *Canadian* bilingue au détriment d'une autre symbolique axée sur la différence française, et tous les écueils d'une société postmoderne dans laquelle nous baignons et où les jeunes sont les plus vulnérables... Il est aussi un autre facteur à ne pas sous-estimer : la menace d'indépendance du Québec semble s'amenuiser, ce qui provoque non seulement une baisse de visibilité de la chose française au Canada anglais et d'intérêt à son endroit, mais surtout un étiolement de l'appui et de la volonté politiques déjà mitigés du gouvernement fédéral et des gouvernements provinciaux.

Nous croyons qu'avec le jugement Arsenault-Cameron, la jurisprudence a presque atteint les limites de ses possibles légitimants et incitatifs : il y aura sans doute d'autres combats et d'autres jugements, mais il est difficile d'imaginer que le droit puisse élargir encore davantage l'étendue des obligations imposées. L'analyse de l'étendue de ce droit contenu dans l'article 23 de la Charte et interprété par la Cour suprême fera l'objet de la première partie de la présente étude. En contrepoint pour la deuxième partie, nous tenterons de cerner la réalité actuelle des communautés et d'entrevoir l'avenir qui s'y profile, en accordant une attention particulière à la jeunesse. Nous chercherons ainsi à déterminer en fin de compte s'il sera possible, dans les communautés, de tirer profit de la reconnaissance juridique et de son amplitude parallèle sur le plan institutionnel, et ce, jusqu'à quel point.

À noter : il va de soi qu'il existe entre les communautés francophones des différences notables qui modifient le rapport de chacune à cette question : par exemple, l'Acadie jouit d'une force et d'une stabilité démopolitiques enviables par rapport aux autres. Il faut donc tenir compte de cet écart pour apprécier la teneur et le niveau d'application des arguments présentés ci-dessous.

La jurisprudence

Au-delà de la pratique – écoles et gestion – et de l'interprétation libérale qui doit motiver les politiques complémentaires relatives à l'éducation française en milieu minoritaire (la portée réparatrice de l'article 23, la place cruciale de l'école pour le maintien et l'épanouissement des communautés, le besoin de fonds publics adéquats, même supérieurs, pour atteindre la qualité et l'égalité de l'éducation, l'obligation d'agir), la décision Mahé[3] reconduit l'idée de la dualité canadienne en définissant une vision fondée sur un partenariat dont les moyens pour l'atteindre se situent dans l'objet même de l'article 23, qui se nourrit – texte et forme – à l'aune du politique. Ce document juridique met le politique au cœur de son discours pour en signaler toute la portée.

On peut apprécier sa force et la vision qu'il avance en se rappelant qu'il est sorti à la fin du débat sur l'accord du lac Meech – en mars 1990, quand les jeux étaient faits – et qu'il utilise pour définir l'objet principal de l'article 23 les vocables mêmes proposés dans Meech pour signaler la distinction entre le devoir de protection de la dualité canadienne inscrit dans la clause Canada et l'exigence de protection et de *promotion*[4] pour le Québec.

Commentant cette « hiérarchie sémantique expressément établie » (Woehrling, 1988, p. 47) dans Meech, le professeur Woehrling de la Faculté de droit de l'Université de Montréal explique :

> Cette différence ne tient pas à l'importance respective de la spéci-ficité québécoise et de la dualité canadienne en tant que « valeurs constitutionnelles », mais résulte plutôt de ce que les rédacteurs de la Modification constitutionnelle de 1987 considéraient que le ca-ractère francophone du Québec, à cause de sa fragilité nécessite non seulement une protection, mais également une promotion (p. 48).

Dans la conclusion de son article écrit en 1988, Woehrling avance que les minorités francophones hors Québec « pourront invoquer la reconnaissance de la dualité » contenue dans l'accord du lac Meech « pour tenter de convain-cre la Cour suprême d'interpréter plus généreusement [...] les droits linguisti-ques que la Constitution leur reconnaît déjà ». Par contre, ajoute-t-il, « ces minorités ne réussiront probablement pas à obtenir une amélioration de leurs droits, étant donné que l'Accord constitutionnel n'oblige pas le fédéral et les provinces à promouvoir la dualité linguistique, mais les engage seulement à protéger celle-ci » (p. 57).

Or, la décision Mahé, par la voix unanime des juges de la Cour suprême, déclare justement que « l'objet global de l'article 23 » est « de préserver et [*sic*] *promouvoir*[5] la langue et la culture de la minorité partout au Canada » (p. 24). Il ne fait pas de doute que le langage de Meech investit le sens de ce docu-ment, et que l'article 23 appelle l'établissement de l'égalité des partenaires officiels par des politiques vigoureuses de promotion. En fait, la dimension incitative du mot « promotion » qui mènera à l'échec de l'Accord du lac Meech devient en quelque sorte ici dans Mahé la pierre angulaire sur laquelle réside l'interprétation et la force de l'article 23.

L'étendue de la loi par le sens susmentionné se vérifie dans l'application pratique : l'utilisation du mot « promotion » doit en principe permettre « d'abaisser le seuil des difficultés » (Woehrling, p. 49) visant à restreindre l'application de la loi pour des raisons de « rationalité » ou de « raisonnabilité », selon l'article 1, par exemple. Ainsi, les restrictions impo-sées par la Charte par rapport à l'application des droits linguistiques – la question des nombres, celle de l'échelle variable pour établir le niveau de ges-tion, etc. (ce que nos gouvernements provinciaux aiment invoquer pour limi-ter leurs responsabilités) – doivent être comprises comme ayant un rôle minimal d'empêchement dans l'application que leur réserve le mot « promotion ». Apposé à l'article 23, et avec la force opérante que lui procure le texte de Meech, ce mot lourd de sens doit autoriser dans toute situation le maximum visé par le droit, c'est-à-dire que sa puissance incitative doit permettre de faire éclater les barrières restrictives aux deux bouts de l'échelle, du minimum comme du maximum.

Des gouvernements ont su répondre positivement à la vision définie dans Mahé. En Alberta, par exemple, la gestion a été obtenue en 1994, et des politiques importantes ont été implantées depuis pour favoriser l'épanouissement de la communauté : refrancisation, transport, accueil, financement supérieur, etc. Dans d'autres provinces, les réticences gouvernementales ont suscité de nouvelles mobilisations et de nouveaux jugements, dont le dernier – Arsenault-Cameron[6] – qui vient élargir et augmenter par des nuances et des précisions significatives la force de Mahé.

Pour résumer, tout en insistant sur ses éléments clés : ce dernier jugement de la Cour suprême sorti en janvier 2000 réitère l'objet global de l'article 23 tel que défini dans Mahé, c'est-à-dire préserver et promouvoir l'éducation minoritaire et les communautés, et oblige à interpréter les droits linguistiques en fonction de cet objet et de façon compatible avec le maintien et l'épanouissement des collectivités – nouveau fait important que cette mention des « droits collectifs » (p. 3), comme l'a fait remarquer le sénateur et constitutionnaliste Gérald Beaudoin[7]. Le caractère réparateur de l'article doit être compris dans le contexte de « l'érosion historique progressive » des droits des minorités, et doit viser à « remédier à des injustices passées» (p. 2).

Sur la question des nombres, le chiffre à retenir est le « nombre total de personnes qui pourraient éventuellement se prévaloir du service » (p. 2). C'est aussi la réitération implicite du principe contenu dans Mahé selon lequel il y a suppression de la demande quand il n'y a pas d'offre active de service (c'est-à-dire l'existence réelle d'une école ; autrement dit, demander à des parents d'inscrire leur(s) enfant(s) dans une école virtuelle détourne les ayants droit de ladite école et les repousse dans l'orbite de la majorité).

Les services éducatifs n'ont pas à être « identiques à ceux fournis à la majorité », car « l'égalité réelle » exige un traitement différent si nécessaire, « suivant la situation et les besoins particuliers » : le but est d'assurer un « niveau d'éducation équivalent à celui de la majorité » (p. 3). Sur cette lancée de la différence, on précise qu'il n'est peut-être pas « pratique ni souhaitable de fournir le même système d'enseignement » (p. 3) à la minorité : mettre l'accent par exemple sur des droits individuels – par l'application d'un même système – « au détriment des droits linguistiques et culturels de la communauté minoritaire restreint dans les faits les droits collectifs » (p. 3). De plus, dans le contexte de la francophonie minoritaire, l'école est « l'institution la plus importante pour la survie de la minorité linguistique » (p. 3).

Gestion et contrôle sont essentiels à l'exercice des droits, poursuit ce dernier jugement par la voix de son auteur, le juge Bastarache : « à l'extrémité supérieure de l'échelle variable de droits, lorsqu'une commission scolaire est requise, elle possédera les pouvoirs de gestion prévus par la loi, de même que tout autre pouvoir conféré par l'article 23. Bien que le ministre soit responsable de l'élaboration de la politique applicable [...], son pouvoir discrétionnaire est assujetti à la Charte, notamment en ce qui a trait au caractère réparateur de l'article 23, aux besoins particuliers de la communauté [...], et au droit exclusif des représentants [...] de gérer l'enseignement et les établissements » (p. 3). Les politiques gouvernementales « ne doivent pas porter atteinte aux intérêts linguistiques et culturels légitimes de la minorité ». De plus, « le ministre [doit peser] l'effet de sa décision sur la promotion et la préservation de la communauté linguistique minoritaire » (p. 4).

> À propos de cette grande question de « l'accessibilité raisonnable », la Cour suprême explique qu'il faut examiner les services qui « favoriseraient le mieux l'épanouissement et la préservation de la minorité linguistique francophone » (p. 4). Le ministre ne peut « trancher unilatéralement la question du niveau de service approprié. Les priorités de la communauté doivent avoir préséance parce qu'elles sont au cœur même de la gestion et du contrôle conférés par l'article 23 » (p. 4).

* * *

Peut-on parler plus clairement ? En juxtaposant l'étendue du droit au développement du réseau institutionnel dans les communautés, il est peut-être facile d'affirmer à l'instar de l'*establishment* que l'avenir est assuré et qu'en effet, les francophones n'ont jamais été aussi bien positionnés pour faire face à l'avenir. Parler de survie et de fragilité dans un tel contexte serait indigne de ce nouveau statut. Si on avait pu prévoir l'étendue du jugement Arsenault-Cameron – et on aurait dû prévoir après le cas Beaulac « l'effet Bastarache[8] » –, le gouvernement de l'Île-du-Prince-Édouard aurait peut-être pu empêcher que le renvoi aboutisse en Cour suprême en reconnaissant la légitimité et les droits des parents. Car aujourd'hui il n'est plus question comme jadis de ne pas agir pour remplir les obligations imposées par la Constitution, la Charte et la Cour. De toute façon, celles-ci rentabilisent les concessions faites aux francophones en assumant et en absorbant *de facto* les retombées politiques problématiques, ce qui permet ainsi de faire dévier tout ressac politique interne. D'autre part, l'action – aussi petite soit-elle – effectuée par les provinces pour leur minorité et donnée à voir dans l'arène nationale maintient l'espoir feutré de mettre fin à l'usure et par des gestes d'apparente bonne foi les velléités souverainistes du Québec. En dernier lieu, on croit sincèrement que ce sera la dernière concession faite aux francophones. À moins que – et cela suppose un machiavélisme avancé –, à moins qu'on joue au « qui perd gagne », dans la mesure où l'on aura compris que pour un corps en dégénérescence, les meilleurs remèdes ne peuvent enrayer le cheminement inéluctable vers la mort...

Est-ce celle-là la vérité, la réalité des communautés francophones du Canada ? Pour y répondre, allons voir du côté des jeunes qui représentent, faut-il le rappeler, un élément déterminant pour l'avenir de nos communautés.

La deuxième partie[9] de cette étude avance une première réflexion sur l'espace culturel des jeunes, dans le but de cerner ce qui pourrait déboucher sur une nouvelle « symbolique mobilisatrice » qui, pour emprunter à Raymond Breton[10], reste une condition essentielle au maintien et au développement d'une communauté.

La communauté francophone – les jeunes surtout – du Canada

Malgré la reconnaissance accordée à la francophonie au sommet de Moncton et la survalorisation (temporaire !) qui en a découlé, on ne peut nier les résultats du dernier recensement, les statistiques sur l'usage du français, l'usage lui-même, le rapport des jeunes à la langue, les phénomènes culturels liés à la mondialisation, sans compter l'état actuel de notre civilisation en ce début de millénaire. Au-delà des constatations d'un Finkielkraut qui déplore, entre autres, les déclinantes capacités des jeunes Français d'aujourd'hui à manœuvrer dans les nuances et les complexités de la langue française – « la transmission première, celle de la langue n'a pas eu lieu, dit-il : le témoin est tombé par terre » (1999, p. 125) –, dans une France riche de traditions, d'écrivains et de penseurs, qu'on considère le handicap de notre français, de nos francophones, aux prises quotidiennement avec l'impérialisme ambiant de l'anglo-américain dominant. Il est sans doute pertinent d'évoquer l'image du corps biologique incapable de se reproduire, suivant l'imaginaire de Houellebecq, comme métaphore d'une francophonie presque moribonde, victime non plus seulement des séquelles d'une trop longue négation historique, coincée dans une dynamique/dynamite identitaire et politique, désaxée, non représentée par un discours élitaire et historiciste, mais aussi, et surtout peut-être, traînée dans les poussières d'une civilisation d'où a été abolie la référence, un monde éclaté, fragmenté, peuplé de simulacres, en somme, le McWorld dont parle Benjamin Barber.

Il est impossible de ne pas reconnaître qu'il y a eu un changement de paradigme extrêmement significatif dans notre rapport au monde, que les remèdes de jadis, revus et corrigés pour l'application actuelle restent désuets, sans efficace aujourd'hui, et qu'il est temps d'envisager un nouveau paradigme-solution, en passant peut-être par une critique épistémologique.

Les études, commentaires, discours ne manquent pas sur l'état actuel du vécu franco-minoritaire. On y dénote fragilité, dérapages, naufrages, assimilation, etc., et on réplique par un discours d'atavismes, et culturaliste, on rappelle ces capacités dites ontologiques de résistance et de mobilisation, et on s'épuise en fin de compte en aphorismes, en propositions surannées, pour fonder les principes susceptibles de créer les conditions nécessaires à la survie et à l'épanouissement de nos communautés. Oui, il est vrai que si le français jouissait d'une place prépondérante dans la texture nationale canadienne – comme on l'a entrevu il y a une trentaine d'années – c'est-à-dire s'il lui était accordé une valeur dominante parce que reconnu et « pratiqué » par le plus grand nombre, cela résoudrait bien des problèmes. Mais on n'en est pas là, et le comment faire pour renverser les tendances actuelles s'impose comme la grande problématique du moment, le défi de l'avenir.

Deux dimensions essentielles sont absentes des discours culturalistes/ essentialistes[11], pour une compréhension des sources de l'identité des jeunes francophones. La première, et sans doute la plus pertinente en ce sens que le choix d'actions en dépend, passe par une compréhension de l'espace culturel des jeunes d'aujourd'hui, des sources de leur identité, des éléments pouvant avoir une force mobilisatrice. La deuxième concerne l'incapacité qu'ont les dirigeants de concevoir et de fonder une vision qui ne soit pas circonscrite dans le culturalisme identitaire et l'historicisme.

Ces deux aspects seront maintenant abordés. Pour commencer, je dirais qu'une compréhension des espaces existentiels, culturels et langagiers des jeunes passe davantage par Houellebecq et les penseurs postmodernes que par les aphorismes bien intentionnés du discours culturaliste. Celui-ci, par exemple, se trouve d'emblée contredit et rejeté par l'espace postmoderne dans lequel baigne la jeunesse. Éclatement, fragmentation, dissolution, dérives, rupture, équivalence, ambivalence : voilà plutôt les notions qui incarnent les valeurs, les savoirs, les projets, les relations et l'identité des jeunes, en plus d'être les formes que prennent les modalités de médiation dans leur rapport au monde. Ce ballottement existentiel débouche sur des fléaux comme le suicide, le décrochage ou le désengagement scolaire, l'incapacité de se trouver une place dans la société ou de concevoir un projet d'avenir ; il amène des « phénomènes de solitude, de fractionnement, de marginalisation, la dissolution des formes familiales » (Corin, 1996, p. 255) ; il mène aussi les jeunes à l'hyperactivité sociale, à l'excès de consommation divertissante, à l'indépendance truquée par le biais du minable tandem travail/consommation, en somme, à des pratiques qui signalent une incapacité d'arrêt, un refus de la réflexion, l'impossible dé-tension du sujet. On vit vite, dans l'instant et l'instantané, dans l'image, le simulacre, dans le passage, vite la transition. « Glissez mortels, n'appuyez point », disait l'autre. Cet affolement de l'être serait, dans les paroles de Baudrillard, comme « le triomphe de l'effet sur la cause, le triomphe de l'instantané sur le temps comme la profondeur, le triomphe de la surface et de l'objectalité pure sur la profondeur du désir » (1986, p. 12).

Désenchantés et désillusionnés par l'échec de la modernité, nous sommes dans « la dérive des références collectives et identitaires » de la postmodernité, comme l'explique Ellen Corin, professeur aux Départements d'anthropologie et de psychiatrie de l'Université McGill. Nous assistons dans le rapport au passé à une « dissolution de la pratique de l'histoire dans la mesure où il n'y a plus d'histoire unitaire, porteuse de sens, mais seulement des histoires, de multiples perspectives, toujours situées et provisoires »

(1996, p. 256) ; nous assistons à une « crise de représentations », comme à une « crise de fondements », minant le « projet même de l'interprétation » (p. 257), et aboutissant à une véritable « crise de la signifiance » (p. 257). Le « vide spirituel » engendre « une prolifération sans fin et sans frein des objets, des formes » (p. 257), poursuit Corin, des « non-choses » (p. 113) dirait Finkielkraut, une « surabondance des signes non signifiants et d'absence de référents ou de sens », cela ayant des incidences importantes sur le plan de l'identité. Selon Corin, « à l'absence de fondement et d'orientation de l'histoire correspond une décentration et une désintégration du sujet ["une dissociation" dirait Touraine (1996, p. 15)]. Ce [sujet] n'existe plus qu'en tant que positionné par le langage, par d'autres, clivé en fragments qui, manquant d'un centre organisateur, se trouveraient projetés dans toutes les directions » (p. 258). Et Baudrillard de renchérir : « Comme il n'est plus possible de tirer argument de sa propre existence, il ne reste plus qu'à faire acte d'apparence sans se soucier d'être, ni même d'être regardé » (cité par Corin, p. 258). Ainsi, l'individualisme de nos sociétés n'est pas le fait d'un sujet « plein », « distinct dans sa différence », comme l'explique Louis Dumont, mais celui « de l'équivalence et de l'interchangeabilité entre individus » (cité par Corin, p. 258).

> Cette situation difficile représente bien davantage l'écueil qui risque de provoquer le naufrage que les conséquences réelles de notre glissement historique. Pour être plus précis et concret par rapport au vécu des jeunes francophones dont l'identité se marie au *Canadian* bilingue : il s'agit pour eux d'une francité d'abord instrumentale, légère, ponctuelle, modifiable, fragmentée ; elle a perdu sa qualité schizophrène d'antan parce qu'elle reste de surface, qu'elle ne heurte plus, qu'elle glisse... On peut parler d'institutions, de gestion scolaire, de programmes de sauvetage, mais les séquelles d'une négation historique alliées à l'éclatement postmoderne actuel des valeurs, des références, de la signifiance, sont en train de nous faire échouer en tant que communautés de l'autre côté... Pour se consoler et expliquer que l'apparence de naufrage n'est qu'une simple dérive, on ne peut plus invoquer l'argument du « de tout temps » (Finkielkraut, p. 153), car tout démentit cela : l'épistémè postmoderne a fait basculer le monde.

* * *

La francophonie compte encore quelques modèles, des parents qui insistent, des enseignants qui s'acharnent, mais la francophonie vivace est celle des discours surtout – universitaire, associatif, institutionnel –, celle qui est payée pour parler et porter la flamme. Dans la réalité, le français n'habite plus un grand nombre des foyers ; l'école française a en outre permis le transfert des responsabilités parentales, la culture anglo-américaine dominante et la raison postmoderne ont fait le reste.

Faut-il simplement abandonner, se laisser doucement glisser dans l'unilinguisme, ou accepter de « switcher » à l'espagnol, langue utile dans le cadre économique nord-américain actuel, comme nous y conviait un lecteur du *Globe and Mail*, le 8 septembre 1999, dans une lettre au rédacteur en chef ?

Pour commencer, il faut une interrogation fondamentale qui ne « recadre pas aisément la crise de la signifiance qui nous traverse » ; il faut se méfier, suivant les conseils de Ellen Corin, « de tout ce qui se présenterait comme solution totale (totalitaire) sans passer par la reformulation d'un projet de société qui tienne compte des conditions de la postmodernité et de la nécessité de reformuler un nouveau contrat symbolique permettant un redéploiement des subjectivités » (p. 268). Bien qu'il reconnaisse l'état de dissociation et de rupture dans ce moment charnière de l'histoire, Alain Touraine veut, pour sa part, œuvrer à une recombinaison de l'individu et de la société ; il appelle à la réflexion « sur les formes d'une recomposition du monde » (p. 16), en retenant, suivant l'exemple de Habermas, les éléments récupérables de la modernité comme la « rationalité instrumentale, l'identité culturelle et la liberté du Sujet individuel » (p. 18), celui-ci représentant la base, le fondement de cette recomposition.

Comment reconstruire, recombiner le monde par un projet de société, rétablir un contrat symbolique, reconstituer le sujet – dans les conditions de postmodernité dont la première intuition passe par l'« écart et (la) déconstruction » et met en procès « toute idée de cohérence et de continuité » (Corin, p. 254). Dans l'état du monde comme aboutissement de la modernité, il est compréhensible qu'on veuille choisir le paradigme de la postmodernité comme *modus vivendi* idéologique, les méfaits et les déceptions de la modernité nous y conviant d'ailleurs. Toutefois, on peut aussi y voir un lieu de transition, un mouvement vers la transcendance qui prépare la post-postmodernité, dans une sorte de processus dialectique qui débouche sur le dépassement synthétique.

Touraine, Habermas, Giddens nous y invitent, chacun un peu à sa façon. Il me semble que l'on peut aussi profiter de certains grands sentiments de nostalgie à l'égard de la valeur et de la référence qui se manifestent aujourd'hui dans certains mouvements écologiques, comme d'ailleurs chez des auteurs tels LeClézio, Tournier, Berger, Poulin, Lalonde, Baudrillard, même Houellebecq, de sentiments comme le besoin d'ancrage, de renversement de valeurs familiales, encore une fois décelé dans la série d'articles sur la famille publié dans le *Globe and Mail* de la troisième semaine de septembre 1999, manifestes également par le manque, le vide qui se profile dans ces mouvements totalitaires et fascisants un peu partout dans le monde. Appel donc au repositionnement du sujet, nostalgie pour la référence, la valeur.

Le monde n'est-il pas aussi, et toujours, un lieu de contingences, de revirements, de virtualités ?

* * *

S'il est vrai que la jurisprudence actuelle en matière d'éducation française, alliée à l'ampleur du réseau institutionnel, semble procurer tous les éléments d'une pérennité française en milieu minoritaire au Canada, il est vrai aussi que les communautés ont de plus en plus de difficultés à répondre à l'appel – et cela, à des degrés variés selon les divergences régionales, comme nous l'avons souligné plus haut –, que la dichotomie s'accentue entre le droit et la capacité d'en jouir pleinement pour réaliser la virtualité qui en émane...

Les rencontres comme celle-ci sont cruciales, mais elles doivent déboucher sur une recherche-action, sur un véritable dialogue entre les chercheurs, les communautés et les politiciens, sur le développement de stratégies concrètes pour recréer la nécessité du français dans la texture francophone communautaire et canadienne, et réaliser enfin la force déployée dans le juridique où s'inscrit de plus en plus la logique soutenue de la vision nationale canadienne contenue dans ses actes emblématiques...

NOTES

1. Albert Jacquard, auteur et généticien français bien connu, qui fréquente souvent le Québec.

2. Jean-Maurice Simard, « De la coupe aux lèvres : un coup de cœur se fait attendre ». Rapport déposé au Sénat le 16 novembre 1999, sur les perspectives d'avenir des communautés francophones et acadiennes du Canada. Il y parle d'« urgence nationale »...

3. Voir Jean-Claude Mahé, Angéline Martel, Paul Dubé et l'Association de l'école Georges-et-Julia-Bugnet c. Sa majesté la Reine du Chef de la province de l'Alberta, le 15 mars 1990 : *Mahé c. Alberta* (1990), n° 1, RCS 342, n° du greffe : 20590, dans le site Web de la Cour suprême <www.scc-csc.gc.ca/judgments/index_f.html> (1990, vol. 1).

4. Les italiques sont de nous.

5. Les italiques sont de nous.

6. Le texte a été tiré d'Internet : voir *Arsenault-Cameron c. Île-du-Prince-Édouard*. Référence neutre : 2000 CSC 1. N° du greffe : 26682, dans le site Web de la Cour suprême <www.scc-csc.gc.ca/judgments/index_f.html> (2000, vol. 1).

7. Voir l'article dans *La Presse*, « Un bond de géant pour la jurisprudence », vendredi 14 janvier 2000, dans lequel le sénateur Beaudoin est cité.

8. Voir l'article « L'effet Bastarache » d'Alain-Robert Nadeau, *Le Devoir*, 26 janvier 2000.

9. Ces quelques pages de la deuxième partie sont en partie la reprise partielle d'une autre étude qui paraîtra dans les Actes du colloque : « Francophones d'Amérique, Francophonies canadiennes : (inter)actions culturelles en milieu minoritaire », tenu en septembre 1999 à l'Université de Régina.

10. Raymond Breton, « L'évolution du contexte culturel et socio-politique et la francophonie minoritaire », dans Paul Dubé et Pamela Sing (dir.), *Communautés francophones. Espaces d'altérités*, Edmonton, Institut de recherche de la Faculté Saint-Jean, 2001.

11. Voir, par exemple, Roger Bernard (1998) en tant qu'énonciateur (parmi bien d'autres) du discours culturaliste, et Régine Robin (1994, 1996) pour une critique de ce discours.

BIBLIOGRAPHIE

BARBER, Benjamin (1995), *Jihad vs. McWorld*, New York, Times Books.

BAUDRILLARD, Jacques (1986), *Amérique*, Paris, Grasset.

BAUDRILLARD, Jacques (1990), *La transparence du mal. Essai sur les phénomènes extrêmes*, Paris, Galilée.

BERNARD, Roger (1998), *Le Canada français : entre mythe et utopie*, Ottawa, Éditions le Nordir.

BERNARD, Roger (1991), *Comportements linguistiques et conscience culturelle des jeunes Canadiens français*, Ottawa, Fédération des jeunes Canadiens français.

BRETON, Raymond (2001), « L'évolution du contexte culturel et socio-politique et la francophonie minoritaire », dans Paul DUBÉ et Pamela SING (dir.), *Communautés francophones. Espaces d'altérités*, Edmonton, Institut de recherche de la Faculté Saint-Jean.

CORIN, Ellen (1996), « Dérives des références et bricolages identitaires dans un contexte de postmodernité », dans Michaël ELBAZ *et al.*, *Les frontières de l'identité. Modernité et postmodernisme au Québec*, Sainte-Foy, Presses de l'Université Laval, et Paris, L'Harmattan, p. 254-269.

FINKIELKRAUT, Alain (1999), *L'ingratitude*, Montréal, Québec/Amérique.

HOUELLEBECQ, Michel (1998), *Les particules élémentaires*, Paris, Flammarion.

LAFONTANT, Jean (2001), « L'orientation identitaire des jeunes finissants (1998) des écoles françaises du Manitoba », dans Paul DUBÉ et Pamela SING (dir.), *Communautés francophones. Espaces d'altérités*, Edmonton, Institut de recherche de la Faculté Saint-Jean, p. 59-82.

LEVASSEUR-OUIMET, France (à paraître), « La francophonie albertaine : pays en guerre, pays en paix », texte en forme manuscrite.

ROBIN, Régine (1994), « Défaire les identités fétiches », dans Jocelyn LÉTOURNEAU et Roger BERNARD (dir.), *La question identitaire au Canada francophone : récits, parcours, enjeux, hors-lieux*, Sainte-Foy, Presses de l'Université Laval, p. 215-240.

ROBIN, Régine (1996), « L'impossible Québec pluriel : la fascination de "la souche" », dans Michaël ELBAZ *et al.*, *Les frontières de l'identité. Modernité et postmodernisme au Québec*, Sainte-Foy, Presses de l'Université Laval, et Paris, L'Harmattan.

TAYLOR, Charles (1996), « Les sources de l'identité moderne », dans Michaël ELBAZ *et al.*, *Les frontières de l'identité. Modernité et postmodernisme au Québec*, Sainte-Foy, Presses de l'Université Laval, et Paris, L'Harmattan.

THÉRIAULT, Joseph-Yvon (1999), *Francophonies minoritaires au Canada : l'état des lieux*, Moncton, Éditions d'Acadie (aussi extraits publiés dans *Le Devoir*, les 3 et 4 août 1999).

TOURAINE, Alain (1996), « Identité et modernité » dans Michaël ELBAZ *et al.*, *Les frontières de l'identité. Modernité et postmodernisme au Québec*, Sainte-Foy, Presses de l'Université Laval, et Paris, L'Harmattan.

WOEHRLING, José (1988), « La reconnaissance du Québec comme société distincte et la dualité linguistique du Canada : conséquences juridiques et constitutionnelles », *Canadian Public Policy/Analyse de politiques*, vol. 14 (supplément) (septembre), p. 43-62.

UNILINGUISME, BILINGUISME ET INSTITUTION UNIVERSITAIRE DANS LA FRANCOPHONIE DES ANNÉES 1960

Gratien Allaire
Université Laurentienne

> En réalité, la langue de la minorité officielle, dans ces régions, ne survit qu'au prix d'une farouche détermination des individus ou des groupes. Et malgré d'immenses sacrifices et des frustrations de la part des intéressés, le prix en est des institutions au rabais, qui les conduiront à l'assimilation linguistique, si la situation n'est pas redressée rapidement. (*Rapport de la Commission royale d'enquête sur le bilinguisme et le biculturalisme*, p. 90, cité dans *Mémoire au sujet du bilinguisme à l'Université Laurentienne [...]*, 1968, p. 1-2.)

Cette citation a été utilisée par des étudiants francophones de l'Université Laurentienne, au début d'un mémoire qu'ils présentent en 1968 au Conseil des gouverneurs de l'Université. Elle est certainement appropriée comme mise en situation d'une analyse portant sur l'institution universitaire pour la population francophone canadienne dans les années 1960 et plus particulièrement sur le bilinguisme ou l'unilinguisme de cette institution, l'une des plus importantes questions qui se sont posées lors de cette période charnière dans son évolution.

Il existe à l'extérieur du Québec plusieurs types d'établissements universitaires pour les francophones. Ils sont issus de l'histoire de ces communautés, plus particulièrement de l'époque des petits séminaires, des couvents, des collèges et du cours classiques, et ils sont pour la plupart l'œuvre des congrégations religieuses qui les ont façonnés : Jésuites, Oblats, Clercs de Sainte-Croix, Eudistes, Sœurs de l'Assomption, Religieuses de Jésus-Marie, Religieuses de Notre-Dame du Sacré-Cœur, Ursulines (Galarneau, 1978, p. 77-92 ; Couturier-LeBlanc *et al.*, 1993, p. 572-582 ; Allaire, 2001). Ces établissements sont donc différents les uns des autres : leur taille et leur statut varient considérablement d'une province à l'autre. L'Université Sainte-Anne, à Pointe-de-l'Église en Nouvelle-Écosse, et le Collège universitaire de Hearst, dans le nord de l'Ontario, sont des établissements autonomes de langue française dont la population étudiante est petite et l'éventail de programmes peu étendu. L'Université de Moncton est aussi un établissement autonome de langue française, mais de taille moyenne, qui offre une gamme étendue de programmes de premier cycle et de cycles supérieurs. La Faculté Saint-Jean est une entité qui fait partie de la University of Alberta, et son autonomie est celle d'une faculté universitaire ; elle offre un éventail restreint de programmes à une population étudiante de taille plutôt modeste. Le Collège universitaire de Saint-Boniface est un établissement autonome de langue française de taille semblable, dont les programmes sont approuvés par la University of Manitoba. Le Collège universitaire Glendon est bilingue ; il offre des programmes en sciences humaines seulement et a un statut équivalent à celui d'une faculté. L'Université d'Ottawa et l'Université Laurentienne sont des établissements bilingues, le premier de grande taille et le second de taille moyenne, offrant un éventail plus ou moins étendu de programmes en français, de premier cycle et de cycles supérieurs.

Le dossier de l'université franco-ontarienne occupe les discussions depuis plusieurs décennies, sans que l'on puisse voir un véritable progrès ou de véritables changements. L'institution universitaire pour la population franco-ontarienne a pourtant marqué des progrès dans les établissements existants : la programmation pour les francophones y a sensiblement augmenté au cours des dernières décennies, grâce à l'appui du gouvernement ontarien et du gouvernement fédéral. Pour reprendre les mots de Roger Guindon, ancien recteur de l'Université d'Ottawa, l'université franco-ontarienne fait du sur place. Il n'est pas nécessaire ici de refaire l'historique de la question : Roger Guindon en a retracé le parcours dans l'appendice du dernier volume de son histoire de l'Université d'Ottawa (Guindon, 1998, p. 133-156).

Dans la foulée de la décision de la Cour divisionnaire de l'Ontario relative à l'hôpital Montfort, et à supposer que la Cour d'appel de l'Ontario (devant qui la cause a été plaidée en mai 2001) et la Cour suprême du Canada (qui aura sûrement à se prononcer) maintiennent la décision, on pourrait probablement se présenter devant les tribunaux et réclamer l'université de langue française en Ontario en vertu de la complétude institutionnelle et selon le principe non écrit de la protection et de l'épanouissement des communautés, explicité par la Cour suprême dans le *Renvoi relatif à la sécession du Québec* en 1998. Une telle approche pose cependant un certain nombre de questions.

La difficulté principale semble être la suivante. Dans le cas de l'hôpital Montfort, l'établissement existe, il est reconnu comme étant de langue française et comme servant depuis longtemps la population de langue française de la région d'Ottawa et même de l'Ontario français. Ce n'est pas le cas de l'institution universitaire : ce qui existe, ce sont des établissements bilingues.

Si l'argument est celui de l'épanouissement des communautés, il faudrait arriver à démontrer que les établissements bilingues n'ont pas contribué à cet épanouissement, ce qui sera contré par les établissements eux-mêmes. Dans un tel cas, on peut présumer qu'une partie de l'argumentation portera sur l'histoire et l'évolution des établissements. Et les années 1960 apparaissent alors comme une décennie de toute première importance, une décennie de transformation en profondeur des établissements et de l'institution universitaires. C'est une décennie d'augmentation très rapide des effectifs universitaires en Ontario et dans l'ensemble du Canada. L'Université Laurentienne et le Collège Glendon sont fondés en 1960 et l'Université d'Ottawa est modifiée en 1965. Par ailleurs, c'est en 1963 qu'est établie l'Université de Moncton. Ajoutons que c'est au cours de cette décennie que disparaissent le cours et les collèges classiques, que sont formés les cégeps au Québec et que se laïcisent la plupart des établissements de niveau universitaire de la francophonie canadienne.

Il serait sans doute important de mieux cerner le rôle de l'institution universitaire dans le développement d'une communauté minoritaire, mais ce n'est pas l'objectif que nous poursuivons ici. En nous fondant sur des études publiées et des rapports de commission d'enquête, nous chercherons plutôt à mieux comprendre les options linguistiques qui s'offraient aux universités dans les années 1960. Ces options ont été discutées à maintes reprises, notamment dans le cadre de la Commission d'enquête sur le bilinguisme et le biculturalisme, et ces discussions se situent dans le contexte de la Révolution tranquille.

Nous avons retenu deux provinces – le Nouveau-Brunswick et l'Ontario – et, dans ces provinces, les établissements qui ont été fondés par des congrégations religieuses. Ces deux provinces ont choisi des voies différentes. Avec l'Université de Moncton, la première a choisi la voie de l'unilinguisme institutionnel pour le postsecondaire. Avec l'Université d'Ottawa et l'Université Laurentienne, la seconde a préféré celle du bilinguisme institutionnel, voie qu'elle a appliquée également à un tout nouvel établissement : le Collège Glendon. Il n'y a pas que le caractère acadien du gouvernement de Louis Robichaud qui distinguait les deux provinces ; de part et d'autre, les circonstances n'étaient pas les mêmes. Les établissements existants au Nouveau-Brunswick ont choisi la collaboration (Couturier-LeBlanc *et al.*, 1993, p. 576), entre établissements et entre régions, pour parvenir à la formation d'une seule entité. En Ontario, par contre, les établissements ont préféré la concurrence entre trois régions, pour en arriver à trois établissements distincts, sans compter le Collège universitaire de Hearst et les établissements religieux (Université de Sudbury, Université Saint-Paul et Collège dominicain de philosophie et de théologie).

Au-delà de la volonté de desservir la population de langue française, les objectifs visés n'étaient pas les mêmes, et c'est surtout cela qu'il faut retenir. Alors que Moncton et le Nouveau-Brunswick jugent que l'unilinguisme est le meilleur moyen, l'Université d'Ottawa pose le bilinguisme comme un idéal à atteindre et les fondateurs de l'Université Laurentienne le voient comme le moyen d'atteindre le statut d'institution universitaire subventionnée par le gouvernement provincial. Pour les responsables canadiens-français de ces établissements, le bilinguisme est un mécanisme de défense, un moyen pour la population canadienne-française de conserver ses institutions et de les développer. Nous verrons que les questions de financement jouent un rôle important dans l'évolution du dossier.

Le Nouveau-Brunswick et une institution unilingue[1]

L'Université de Moncton, on le sait, est établie en 1963 par une loi provinciale. Cette décision donne suite à l'une des recommandations de la Commission royale d'enquête sur l'enseignement supérieur au Nouveau-Brunswick, présidée par John J. Deutsch. Formée en 1961 par le gouvernement Robichaud pour étudier la situation de l'enseignement supérieur au Nouveau-Brunswick, la Commission Deutsch donnait elle-même suite à la demande d'équité dans les subventions formulée par les universités et collèges du Nouveau-Brunswick, autres que la University of New Brunswick à Fredericton (Cormier, 1975, p. 63). C'est la période durant laquelle les gouvernements sont passés du financement selon leur bonne volonté au financement par formule. Dans son *Rapport* publié en juin 1962, la Commission faisait la recommandation suivante :

> Que l'Assemblée législative accorde une charte en vue de l'établissement de l'Université de Moncton comme seule institution d'enseignement supérieur de langue française au Nouveau-Brunswick autorisée à conférer des grades, à laquelle les universités actuelles de Saint-Joseph, du Sacré-Cœur et de Saint-Louis seront, pour les fins de leur enseignement, affiliées sous la forme et sous la désignation de collèges (*Rapport*, p. 99, cité dans Cormier, 1975, p. 62).

Cette recommandation avait préalablement été discutée avec les représentants des trois universités acadiennes et des deux communautés religieuses concernées. L'un des membres de la Commission, le juge Adrien-J. Cormier, a joué un rôle important dans la résolution de cette question.

La création de l'Université de Moncton est définie par le premier recteur, Clément Cormier, de la façon suivante : « La nouvelle création s'avérait une chance unique de réaliser un rêve longtemps caressé : la conservation et la promotion de la culture et de la langue françaises en Acadie. L'œuvre était née de l'acceptation du principe de collaboration et ne pouvait subsister sans un programme de planification rationnelle et de coordination des efforts » (Cormier, 1975, p. 68). La création de l'Université de Moncton provoqua la disparition de certains établissements antérieurs : le Collège de l'Assomption en 1964, le Collège Notre-Dame d'Acadie en 1965 et le Séminaire Notre-Dame du Perpétuel Secours en 1968. Elle signifiait l'incorporation de Saint-Joseph, du Sacré-Cœur et de Saint-Louis à la Faculté des arts, puis leur réincarnation en 1977 en campus de l'Université, à Moncton, au Madawaska et dans la péninsule acadienne (Couturier-LeBlanc *et al.*, 1993, p. 576).

Le principe de l'unilinguisme de l'enseignement universitaire est réaffirmé avec la création de l'école normale. Pour saluer cette décision, l'éditorialiste du *Moncton Daily Times* parle du « French Teachers' College » :

> We believe that there is a definite and real need for a French teachers' College. Things which divide the English-speaking and the French-speaking peoples of this province — or this nation — are generally to be deplored. But the establishment of a separate teachers' college would not be divisive. On the contrary it would be complementary to the present teachers' college at Fredericton (*Moncton Daily Times*, 10 oct. 1964, cité dans Cormier, 1975, p. 124).

Bernard Poirier, l'éditorialiste de *L'Évangéline*, souligne la prise de position du *Moncton Daily Times* et la création de l'école de formation à l'enseignement, en parlant d'« école normale bilingue » : « Il fut toujours reconnu, écrit-il, qu'une école normale bilingue serait un puissant facteur d'amélioration des standards de la province au point de vue linguistique » (*L'Évangéline*, 13 octobre 1964, cité dans Cormier, 1975, p. 124). Il faut noter ici l'ambiguïté des termes et se rappeler de cette utilisation de deux termes différents pour parler d'une seule et même réalité. Question de perspective !

La question de l'unilinguisme et de la place de l'université auprès de la population acadienne revient à la fin des années 1960, lorsqu'on discute de l'expansion du programme de génie, lancé par l'Université Saint-Joseph après son transfert de Memramcook à Moncton. Les ingénieurs D.T. Wright, président du Comité des affaires universitaires de l'Ontario, et Michel Normandin, adjoint au recteur (à la planification) de l'Université de Sherbrooke, furent mandatés pour étudier la question. Dans leur rapport de 1969, intitulé *Développement des sciences appliquées à l'Université de Moncton*, ils écrivent :

> Connaissant les besoins de la région, l'Université de Moncton devrait donc, de façon consciente, développer des programmes qui ne soient pas de simples copies des programmes des autres universités mais qui, par l'addition d'éléments originaux, produiront des diplômés conscients des besoins de leur région et décidés d'adapter à leurs concitoyens la contribution de leurs connaissances et de leur expé-rience (Michel Normandin et D.T. Wright, *Développement des sciences appliquées à l'Université de Moncton*, p. 4, cité dans Cormier, 1975, p. 187).

Tableau 1
Population étudiante de l'Université de Moncton
1963-1964 à 1974-1975

Année	Temps plein		Temps partiel	
	N.	Augm. (%)	N.	Augm. (%)
1963-1964	1 158		2 164	
1964-1965	1 296	11,9	2 323	7,3
1965-1966	1 455	12,3	2 938	26,5
1966-1967	1 632	12,2	3 535	20,3
1967-1968	1 990	21,9	3 785	7,1
1968-1969	2 316	16,4	4 098	8,3
1969-1970	2 689	16,1	4 395	7,2
1970-1971	3 148	17,1	5 272	19,6

Note : le total de la page 250 diffère légèrement de la somme (calculée) de la page 253 pour ce qui est du nombre d'étudiants à temps plein en 1964-1965, en 1967-1968, en 1969-1970 et en 1970-1971.
Source : Clément Cormier, *L'Université de Moncton : historique*, Moncton, Centre d'études acadiennes, Université de Moncton, 1975, p. 250, 253.

Ces développements surviennent pendant une décennie de forte crois-sance des effectifs étudiants au Nouveau-Brunswick, croissance qui se reflète à l'Université de Moncton. Durant les dix premières années de son existence, l'Université connaît une expansion continue et ses effectifs étudiants à temps plein augmentent presque du triple, passant de 1 158 étudiants et étudiantes en 1963-1964 à 3 148 en 1970-1971 (tableau 1), et même à 3 203 l'année sui-vante. L'augmentation dépasse 10 % par année, et même 15 % entre 1966-1967 et 1970-1971 ; dans la deuxième moitié des années 1960, en effet, plus de 300 étudiants et étudiantes viennent s'ajouter chaque année. Et bien qu'il évo-lue davantage en dents de scie, le nombre d'étudiants et d'étudiantes à temps partiel augmente presque du triple lui aussi, passant de 2 164 à 6 091. La croissance se reflète dans l'expansion des programmes et s'explique en partie par elle : les sciences infirmières s'ajoutent en 1965-1966, les sciences domesti-ques en 1967-1968 et l'École normale en 1968-1969. Au cours de cette période, l'Université construit un édifice pour l'École normale (1967-1969), qui devien-dra la Faculté des sciences de l'éducation en 1973-1974, un édifice pour les sciences infirmières (1968-1969), un autre pour l'École de commerce (1969-1970). Ce qui amène le recteur Cormier à conclure que « la poussée qui s'est effectuée à l'Université dans la première décennie de son existence pour doter les Acadiens d'une institution d'enseignement supérieur est significative. Les faits démontent bien que le potentiel était là... » (Cormier, 1975, p. 136).

L'Ontario et la poursuite du bilinguisme[2]

Ce n'est que dans les années 1960 que l'affirmation du bilinguisme est introduite dans les chartes universitaires en Ontario ; il est important de le souligner dès le départ. Ni la Charte de 1914 du Collège du Sacré-Cœur de Sudbury ni celle de 1957 de l'Université de Sudbury n'en font mention. Il n'en est pas question non plus dans la Charte de 1849 du Collège de Bytown – la première incarnation de l'Université d'Ottawa – ni dans les modifications et les révisions ultérieures de 1861, 1866, 1885 et 1933 (Painchaud, 1968, p. 19).

L'Université d'Ottawa

Il n'est pas nécessaire de retracer ici l'histoire de l'Université d'Ottawa[3], sauf pour rappeler qu'elle a été fondée en 1848 et qu'elle devient laïque en 1965. C'est d'ailleurs pour s'assurer d'un accès plus étendu et plus régulier aux coffres de l'État qu'elle choisit de créer l'Université Saint-Paul et de se laï-ciser, après de longues discussions sur le caractère de l'institution parmi les Oblats, fondateurs et administrateurs de l'établissement, d'une part, et entre l'Université et le gouvernement, d'autre part. Cette recherche de financement public paraît être la force motrice du changement. Le bilinguisme, que l'on base sur la tradition institutionnelle, est alors accentué dans le discours et introduit dans la loi.

L'article 4 c) de la *Loi de l'Université d'Ottawa, 1965* indique que l'un des buts de l'Université est de « favoriser le développement du bilinguisme et du biculturalisme, préserver et développer la culture française en Ontario ». L'article 17 a) par ailleurs stipule que le Sénat peut « contrôler, réglementer et déterminer la politique de l'Université dans le domaine de l'éducation selon les principes chrétiens et conformément à sa tradition et à son caractère bilingue » (Groupe de travail, 1971, p. 8).

Il revient au recteur Henri Légaré d'avoir amorcé les discussions sur la modification de la charte. Selon Roger Guindon, son successeur, il en a fallu du temps pour convaincre le gouvernement du caractère bilingue et chrétien de l'Université (Guindon, 1995, p. 77). Pour le premier ministre de l'époque (1962), Leslie Frost, l'Université d'Ottawa sert le « French Group of our population » (Guindon, 1995, p. 65) : « We want a center of French culture, we are not trying to create anything else » (Guindon, 1995, p. 66). La position de son successeur, John Robarts, en 1963, est un peu plus du côté du bilinguisme : « I am particularly anxious to assist owing to the bilingual character of the University and I am anxious to assist our institutions of French background » (Guindon, 1995, p. 69). L'Université d'Ottawa insiste sur son caractère bilingue auprès du gouvernement ontarien. Cette insistance apparaît alors comme un mécanisme de défense. C'est d'ailleurs ce qu'exprime le *Mémoire présenté à la Commission royale d'enquête sur le bilinguisme et le biculturalisme par l'Université d'Ottawa*, en décembre 1964 :

> Mais dans la pratique quotidienne, les impératifs immédiats surgissaient, la plupart du temps, de la nécessité du bilinguisme pour les Canadiens français [...] le bilinguisme était une arme [...] Minorité au sein du pays canadien et du continent nord-américain, les Canadiens français devaient résister aux influences assimilatrices, [...] mais il leur fallait s'accommoder, bon gré mal gré, d'un voisinage écrasant. Le bilinguisme était pour eux, surtout hors du Québec, une nécessité vitale en même temps qu'un danger. Ils le transformèrent souvent en moyen d'établir et d'affirmer leur identité propre et leur supériorité face à l'anglophone unilingue. Tout en apprenant l'anglais, ils s'efforçaient de faire reconnaître le bilinguisme comme élément de compétence universelle au Canada (*Mémoire*, cité dans Guindon, 1995, p. 134.)

C'est aussi le sens à accorder aux paroles du recteur Guindon dans le *Bulletin des Anciens*, du 2 juin 1965 : « La survivance de la langue anglaise n'est pas un problème dans l'Ontario. Par ailleurs, les Franco-Ontariens doivent avoir l'assurance dans le contexte social d'aujourd'hui que ce bastion de leur culture en Ontario demeurera intact » (cité dans Groupe de travail, 1971, p. 10).

Pour les auteurs du mémoire de l'Université d'Ottawa à la Commission Laurendeau-Dunton, le bilinguisme est destiné à servir surtout les intérêts canadiens-français, tout en offrant aux jeunes « Anglo-Canadiens » l'occasion d'apprendre le français. En fait, on trouve dans le document des affirmations qui ressemblent beaucoup aux constatations faites plus tard à l'égard des écoles d'immersion, établies à partir des années 1970. Les extraits qui suivent se passent de commentaires :

Bien des Franco-Ontariens ont trouvé à l'université l'occasion unique de poursuivre des études secondaires et supérieures dans leur langue maternelle, tout en améliorant leur connaissance de l'anglais (*Mémoire*, cité dans Guindon, 1995, p. 133).

D'autre part, un nombre toujours croissant de jeunes Québécois sont venus à Ottawa, attirés par le caractère bilingue de l'université, comme aussi par son programme d'étude. Plusieurs d'entre eux n'avaient jamais eu auparavant l'occasion de côtoyer des Anglo-canadiens. Comme bien d'autres, le désir de devenir bilingues les a conduits à une prise de conscience du caractère biculturel de la patrie canadienne (*Mémoire*, cité dans Guindon, 1995, p. 133).

Parmi les étudiants anglophones ayant fréquenté l'Université d'Ottawa, un nombre assez restreint sont devenus vraiment bilingues (*Mémoire*, cité dans Guindon, 1995, p. 134).

Nous ne croyons pas qu'un seul Canadien français ait été « anglicisé » chez nous, au sens où son séjour à l'université l'aurait fait passer à la culture anglo-canadienne ou à l'usage habituel de la langue anglaise. Mais l'obligation de suivre des cours en anglais seulement, dans l'une ou l'autre branche du savoir, a certainement placé des Canadiens français dans la situation assez embarrassante de ne pas pouvoir s'exprimer dans leur langue maternelle, quand ils abordent des questions touchant leur spécialisation (*Mémoire*, cité dans Guindon, 1995, p. 134).

Les années 1960 sont, pour l'Université, une période de grande expansion. Les effectifs étudiants augmentent considérablement, passant de 2 900 en 1960-1961 à 8 200 en 1970-1971 (une augmentation de 284 %). La population étudiante de langue maternelle française s'accroît tout aussi rapidement (de 1 600 à 4 700, soit une augmentation de 290 %), mais sa proportion de l'ensemble baisse de 57,3 % au début de la décennie à 50,6 % en 1968-1969 pour remonter ensuite à 57,4 % en 1970-1971. Cet avantage des francophones a son importance dans la discussion du bilinguisme, puisqu'il favorise un bilinguisme « à dominance française » pour reprendre les mots de l'historien Gaétan Gervais (1985, p. 36), bilinguisme appuyé par l'égalité des effectifs professoraux selon la langue maternelle (tableau 3), bien que l'enseignement ne se fasse pas dans les deux langues dans toutes les facultés[4].

Tableau 2
Population étudiante de l'Université d'Ottawa, 1958-1959 à 1970-1971
Répartition selon la langue maternelle

Année	Français		Anglais		Autres		Total
	N.	%	N.	%	N.	%	
1958-1959	1 477	63,8	837	36,2			2 314
1959-1960	1 545	58,5	1 095	41,5			2 640
1960-1961	1 651	57,3	1 233	42,8			2 884
1961-1962	1 874	57,0	1 116	34,0	296	9,0	3 286
1962-1963	1 952	55,5	1 276	36,3	292	8,2	3 520
1963-1964	2 078	54,6	1 458	38,3	273	7,1	3 809
1964-1965	2 263	55,1	1 575	38,4	268	6,5	4 106
1965-1966	2 251	52,5	1 752	40,9	282	6,6	4 285
1966-1967	2 395	51,8	1 930	41,7	301	6,5	4 626
1967-1968	2 574	50,9	2 192	43,3	292	5,8	5 058
1968-1969	3 116	50,6	2 368	38,5	672	10,9	6 156
1969-1970	4 040	56,1	2 411	33,5	749	10,4	7 200
1970-1971	4 703	57,4	2 811	34,3	679	8,3	8 193

Source : Ronald B. D'Costa, *L'accessibilité aux études postsecondaires pour la population francophone de l'Ontario*, Ottawa, 1971, p. 97.

Tableau 3
Corps professoral de l'Université d'Ottawa, 1968-1969
Répartition selon la langue maternelle et le bilinguisme

Langue maternelle	Nombre	Bilinguisme	
	N.	N.	%
Français	275	266	96,7
Anglais	275	99	36,0
Autre	109	55	50,4
Total	659	420	65,3

Source : Groupe de travail sur le bilinguisme (1971), *Rapport du Groupe de travail sur le bilinguisme à l'Université d'Ottawa*, Ottawa, Université d'Ottawa, p. 15.

En 1969, le Sénat de l'Université d'Ottawa établit un Groupe de travail sur le bilinguisme, dont le mandat consiste à « préparer un document susceptible de servir à l'élaboration de politiques, en matière de bilinguisme, à l'Université d'Ottawa » (Groupe de travail, 1971, p. 4). Présidé par le géographe Hugues Morrissette et composé de deux autres membres du corps professoral et de deux étudiants, ce groupe remet son rapport en 1971. Le groupe définit l'université bilingue :

> L'on pourrait sans doute caractériser le bilinguisme qui existe à l'Université à l'heure actuelle en disant qu'il est un bilinguisme purement institutionnel et non coercitif, qu'il repose essentiellement sur un esprit de bonne entente et de bonne volonté et qu'il préserve l'autonomie des facultés en matière linguistique. C'est sans doute la raison pour laquelle le degré de bilinguisme varie tellement d'une faculté à l'autre (Groupe de travail, 1971, p. 10).

Il préconise le bilinguisme individuel comme fondement du bilinguisme institutionnel :

> le bilinguisme institutionnel réel ne peut se fonder que sur un bilinguisme efficace des individus. Selon nous, c'est en répandant le bilinguisme individuel que l'on pourra réellement rendre l'institution bilingue au sens institutionnel du terme. L'Université d'Ottawa ne sera vraiment bilingue que lorsque la presque totalité des membres de la communauté universitaire pourront, à des degrés divers, participer aux deux cultures française et anglaise et utiliser efficacement les deux langues officielles (Groupe de travail, 1971, p. 11).

Le groupe ajoute une dimension intellectuelle au bilinguisme individuel préconisé. Il considère que « le bilinguisme individuel constitue une des dimensions de la compétence académique » (Groupe de travail, 1971, p. 12) et que « le bilinguisme individuel est à rechercher parce qu'il contribue à l'épanouissement intellectuel des individus et qu'il ajoute une dimension à leur compétence... » (Groupe de travail, 1971, p. 12). Enfin une troisième dimension : la valeur utilitaire du bilinguisme, comme moyen de transmission du savoir à une population donnée qui permet à l'Université de s'acquitter de ses devoirs envers la population à desservir. Il faut dire que le groupe de travail a défini l'université bilingue comme une « université où tous, étudiants, professeurs, membres du personnel de soutien et cadres administratifs, ont une connaissance fonctionnelle ["usuelle", p. 11] des deux langues officielles de l'Université, soit l'anglais et le français » (Groupe de travail, 1971, p. 5, note 1). L'une de ses recommandations demande la « prise des mesures nécessaires pour maintenir, dans l'ensemble de l'Université d'Ottawa, un certain équilibre entre le nombre d'étudiants de langue française et ceux de langue anglaise, sans toutefois aller à l'encontre des autres recommandations » (Groupe de travail, 1971, p. 34, rec. n° 7). Et il faut ajouter que le groupe n'a pas étudié la possibilité d'une université unilingue, ni l'idée d'une université nationale, et qu'il rejette la notion de l'unilinguisme appliquée à l'ensemble de l'Université d'Ottawa et « ne recommande pas la promotion d'entités unilingues à l'Université d'Ottawa » (Groupe de travail, 1971, p. 6).

Le changement de perspective est de taille et conditionnera l'évolution subséquente de l'Université. Il a même contribué à amplifier le passé « bilingue » de l'établissement, ce qui a suscité de fortes réactions parmi des segments importants de la population franco-ontarienne et des groupes nationalistes québécois.

L'Université Laurentienne

L'Université Laurentienne de Sudbury connaît une évolution différente. Le bilinguisme y fut préconisé pour favoriser l'établissement universitaire et pour l'obtention de subventions gouvernementales, que le gouvernement ontarien n'attribuait qu'à des établissements publics non confessionnels. Cette université est le prolongement du Collège du Sacré-Cœur[5], fondé en 1914 par les Jésuites, un établissement où, selon Émile Bouvier, premier recteur de l'Université Laurentienne, « les Franco-Ontariens pendant plus de quarante ans puisèrent leur formation aux sources de la culture classique française du Québec » (Bouvier, 1960, p. 120). La Laurentienne se situe aussi dans la continuité de l'Université de Sudbury, fondée en 1957, par laquelle la congrégation des Jésuites « assumait les responsabilités d'une institution universitaire » et ouvrait ses portes aux populations de langue française et de langue anglaise, catholique et protestante.

L'Université de Sudbury ajoutait des programmes d'administration et la première année de génie pour recevoir des fonds du gouvernement provincial, à l'exemple de l'Université d'Ottawa. L'insuccès de cette stratégie a amené les Jésuites à contacter les groupes de l'Église anglicane et de l'Église unie intéressés à la création d'une université. Leurs délibérations donnèrent naissance à l'Université Laurentienne, une fédération bilingue non confessionnelle de collèges confessionnels. Pour Bouvier, l'Université de Sudbury, l'un des partenaires de la fédération, « reste officiellement la branche catholique française et bilingue de la nouvelle fédération » (1960, p. 123). Encore l'utilisation du terme « bilingue » dans le même contexte.

Dans un texte de 1960, paru dans la revue *Relations* avant que ne soient conclus les accords de la fédération, le jésuite Bouvier indique très clairement la situation et les intentions :

> La pétition officielle de la Loi, le préambule et l'article 4a affirment le caractère bilingue de l'Université Laurentienne. Ce bilinguisme signifie l'usage des deux langues au niveau de l'enseignement et de l'administration. [...] Au niveau de l'enseignement, la politique adoptée par l'Université de Sudbury continuera. Certaines disciplines telles que le Génie, l'Administration – enseignées pour répondre aux nécessités locales – offriront des cours exclusivement

en langue anglaise ; d'autre part, la Faculté des Arts et des Sciences, le Centre de Culture populaire, l'Institut d'Histoire et de Folklore, l'École des gardes-malades, auront deux sections parallèles, l'une exclusivement française et l'autre exclusivement anglaise (1960, p. 122)

La question d'un établissement unilingue avait été soulevée. Comme le souligne Bouvier dans un texte de 1960 paru dans la revue *Relations*, « l'idéal eut été d'établir une université totalement française et une autre totalement anglaise. Par suite des exigences politiques actuelles de la province, il fallait opter pour l'établissement d'une seule institution qui garantirait l'usage et le respect des deux langues » (1960, p. 122). Et Bouvier de continuer en indiquant qu'il ne faut pas « sous-estimer le péril de l'anglicisation que comporte la coexistence [...] Le péril pourrait naître d'un déséquilibre démographique et culturel qui enlèverait à l'un des groupes ethniques son importance et sa valeur » (1960, p. 123). L'évolution de la Laurentienne allait confirmer ce « péril » pour les francophones.

Tableau 4
Population étudiante de l'Université Laurentienne
1960-1961 à 1967-1968
Répartition entre anglophones et francophones

Année	Anglophones		Francophones		Total
	N.	%	N.	%	N.
1960-1961	88	48	95	52	183
1961-1962	166	65	89	35	255
1962-1963	200	76	64	24	264
1963-1964	276	77	85	23	361
1964-1965	436	78	120	22	556
1965-1966	769	85	132	15	901
1966-1967	956	85	174	15	1 130
1967-1968	1 084	86	180	14	1 264

Source : *Mémoire au sujet du bilinguisme à l'Université Laurentienne, présenté au Conseil des Gouverneurs de l'Université à sa réunion du 18 octobre 1968, par des étudiants francophones de l'Université*, Sudbury, Université Laurentienne, 1968, p. 6.

Le résultat est, pour employer les termes du sociologue Donald Dennie, une « non denominational bilingual institution » qui a le pouvoir « d'établir et de maintenir, en français et en anglais, des facultés, des écoles, des instituts et des départements, tels que déterminé par le Conseil des gouverneurs » (Dennie, 1985, p. 115).

Comme Moncton et comme Ottawa, l'Université Laurentienne connaît une croissance phénoménale au cours des années 1960 (tableau 4). Le campus est un véritable chantier de construction. L'Université étend ses programmes et, plus précisément, elle ouvre plusieurs écoles professionnelles entre 1967 et 1969 : en sciences infirmières, en éducation physique et santé, en service social, en traduction et interprétation, en commerce et administration. En 1974, elle absorbe l'École normale. Les effectifs étudiants croissent rapidement. Ils passent de 180 étudiants en 1960-1961 à 1 300 en 1967-1968, moins d'une décennie plus tard. Mais la population étudiante de langue française ne croît pas au même rythme. Elle ne double même pas, passant de 95 à 180 au cours de ces années. Sa proportion diminue en conséquence. Elle était de 52 % en 1960-1961 ; or elle n'est plus que de 14 % en 1967-1968. Voilà qui constitue l'un des fondements du problème et qui permet de dire que la question du bilinguisme fait problème à l'Université Laurentienne depuis sa fondation.

Un mémoire étudiant de 1968 indique que, comme à l'Université d'Ottawa, les étudiants posent le bilinguisme comme un idéal :

> L'expérience bilingue n'est pas facile mais elle vaut un effort constant pour être préservée. Si l'Université Laurentienne ne peut pas être authentiquement bilingue, quel espoir y a-t-il pour l'Ontario, le Canada et enfin pour le monde, car c'est là une expérience de relations humaines qui cherche à préserver la dignité de chacun des partenaires. Dans le contexte politique actuel, l'Université Laurentienne revêt une importance capitale. Car une faillite de l'expérience bilingue au niveau universitaire, au niveau de la jeunesse, impliquerait sans doute une faillite de l'expérience bilingue au niveau national. Il ne resterait d'autre choix aux francophones de l'extérieur du Québec qu'à émigrer vers le Québec (*Mémoire au sujet du bilinguisme [...]*, 1968, p. 15).

Mais l'année suivante, un étudiant, Donald Obomsawin, fait dans la section française du *Lambda*, le journal étudiant, un constat d'échec et conclut à la nécessité de l'université française. C'est ce mouvement qui aboutit en 1973 à Franco-Parole I, une rencontre qui se termine sur la première Nuit sur l'étang et mène à la fondation de l'Association des étudiants francophones (AEF), distincte de la Student General Association / Association générale étudiante.

Un dernier point sur l'université en Ontario français dans les années 1960. La difficulté postsecondaire ontarienne se reflète dans *La société s'épanouit*, le rapport de la Commission sur l'éducation postsecondaire en Ontario, publié en 1972. D'une part, la Commission affirme que les « Candiens [*sic*], tant anglophones que francophones, doivent avoir accès à l'éducation dans leur langue maternelle à tous les niveaux... » (Commission, 1972, p. 93) et, d'autre part, elle reprend « l'idéal d'une éducation bilingue » (p. 96) et elle exhorte « les deux universités bilingues de la province [à ...] accorder une grande priorité au développement de leurs programmes en français » (p. 96) et le Collège Glendon à « adapter ses programmes pour qu'ils correspondent plus étroitement aux intérêts de la population franco-ontarienne du sud de l'Ontario » (p. 97). C'était avant la *Charte canadienne des droits et libertés* et bien avant l'avis de la Cour suprême du Canada dans le *Renvoi relatif à la sécession du Québec* et la cause Montfort.

Conclusion

Dans les années 1960, marquées par la disparition des collèges classiques au Québec et une croissance rapide des effectifs étudiants, l'institution universitaire évolue différemment au Nouveau-Brunswick et en Ontario. Alors que l'Acadie du Nouveau-Brunswick se construit une université unilingue, par l'union des différents établissements existants, l'Ontario français opte pour l'université bilingue, dans un contexte où le bilinguisme est perçu comme un mécanisme de défense et un moyen de maintenir l'institution universitaire pour la population franco-ontarienne et de la faire avancer, à une époque de développement rapide et dans un climat politique qui préconise l'établissement bilingue.

Avec les années, l'Université de Moncton est devenue une institution d'influence auprès de la communauté acadienne du Nouveau-Brunswick, ce que des écrits ont mis de l'avant (voir Allaire, 2001, p. 182 ; Anonyme, 1991, p. 11-12). La situation ontarienne est différente. L'argument du bilinguisme est un argument des années 1960 sur lequel insistaient les responsables d'établissements ayant servi la population de langue française en Ontario. Il était présenté comme un idéal à poursuivre, à l'époque de la Commission royale d'enquête sur le bilinguisme et le biculturalisme. Il servait à assurer la protection des groupes universitaires de la minorité en valorisant l'une de ses caractéristiques : la connaissance des deux langues officielles du pays. Il servait également au gouvernement provincial ontarien à démontrer sa bonne volonté envers la population de langue française. Le bilinguisme est perçu comme un mécanisme de défense, même à l'époque, par un auteur comme Louis Painchaud, dont l'étude du bilinguisme à l'Université d'Ottawa, à l'Université Laurentienne et au Collège militaire royal de Kingston était commandée par la Commission Laurendeau-Dunton :

> Les trois institutions ont pris naissance dans un milieu anglais à l'instigation de Canadiens français. C'était une manière de protéger les Canadiens de langue française tout en se rendant en partie acceptable à l'élément anglais dominant. Aucune des trois institutions n'est une véritable institution bilingue (complète) où l'on a décidé de la parité des deux langues et de la parité des deux groupes. [...]
>
> Le bilinguisme qu'on y pratique est surtout « unilatéral », le fait des Canadiens français. Ce sont eux surtout, les professeurs comme les

étudiants, qui sont bilingues ou qui désirent le plus le devenir. En réaction, quelques-uns viennent à honnir ce bilinguisme « à sens unique » (Painchaud, 1968, p. 215).

Mais, de nos jours, l'argument ne tient plus. Le bilinguisme ne fait plus partie des conseils scolaires. Le bilinguisme institutionnel a tendance à jouer en faveur de la majorité, même s'il est solidement ancré dans le bilinguisme individuel. Comme l'hôpital Montfort veut démontrer qu'un établissement de santé de langue française géré par des membres de la communauté francophone est nécessaire pour bien desservir la population de langue française, il faut démontrer que l'université bilingue était une solution adaptée aux circonstances des années 1960 et que l'idéal à atteindre, c'est une université gérée par des francophones. C'est la gestion par les francophones de leurs propres affaires.

Devant la Cour, il faudrait faire valoir le fait que le mécanisme de défense des années 1960, s'il a permis de faire avancer les francophones à cette époque-là, ne les sert plus. Ce qui contribuerait à démontrer que l'université bilingue, où la majorité est de langue anglaise, sert à la promotion du groupe de langue anglaise. Comme l'école d'immersion sert d'abord la population scolaire de langue anglaise.

BIBLIOGRAPHIE

ALLAIRE, Gratien (2001), « L'université et la francophonie de l'Ouest », dans Paul DUBÉ et Pamela SING, avec la collaboration de René LADSOUS (dir.), *Communautés francophones, espaces d'altérité ; les actes du dix-septième colloque du Centre d'études franco-canadiennes de l'Ouest tenu à la Faculté Saint-Jean, Université de l'Alberta, du 22 au 24 octobre 1998*, Edmonton, Institut de recherche de la Faculté Saint-Jean, p. 181-205.

ALLAIRE, Gratien et Anne GILBERT (dir.) (1998), Francophonies plurielles : communications choisies, colloques du Regroupement pour la recherche sur la francophonie canadienne organisés dans le cadre du congrès annuel de l'ACFAS (Chicoutimi, 1995, et Montréal, 1996), Sudbury, Institut franco-ontarien, coll. « Fleur-de-trille », 316 p.

ANONYME (1991), *Franco-Parole II*, Sudbury, 74 p.

BOUVIER, Émile (1960), « L'Université Laurentienne de Sudbury », *Relations*, mai, p. 120-123.

COMMISSION SUR L'ÉDUCATION POSTSECONDAIRE EN ONTARIO (1972), *La société s'épanouit : rapport de la Commission sur l'éducation postsecondaire en Ontario*, Toronto, Ministère des Services gouvernementaux, vii-287 p.

CORMIER, Clément (1975), *L'Université de Moncton : historique*, Moncton, Centre d'études acadiennes, 255 p.

COUTURIER-LEBLANC, Gilberte, Alcide GODIN et Aldéo RENAUD (1993), « L'enseignement français dans les Maritimes, 1604-1992 », dans Jean DAIGLE (dir.), *L'Acadie des Maritimes : études thématiques des débuts à nos jours*, Moncton, Éditions d'Acadie, p. 543-585.

D'COSTA, Ronald B. (1971), L'accessibilité aux études postsecondaires pour la population francophone de l'Ontario, Ottawa/Toronto, Imprimeur de la Reine, 3-iii-115 p.

DENNIE, Donald (1985), « Historique du bilinguisme à l'Université Laurentienne (Le *Rapport Dennie*) », dans Jean-Pierre PICHETTE (dir.), *Pour l'université française en Ontario*, numéro thématique, *Revue du Nouvel Ontario*, n° 7, p. 115-118.

GALARNEAU, Claude (1978), *Les collèges classiques au Canada français*, Montréal, Fides.

GERVAIS, Gaétan (1985), « L'enseignement supérieur en Ontario français (1848-1965) », dans Jean-Pierre PICHETTE (dir.), *Pour l'université française en Ontario*, numéro thématique, *Revue du Nouvel Ontario*, n° 7, p. 11-52.

GROUPE DE TRAVAIL SUR LE BILINGUISME (1971), *Rapport du Groupe de travail sur le bilinguisme à l'Université d'Ottawa*, Ottawa, Université d'Ottawa, 163 p.

GUINDON, Roger (1989), *Coexistence difficile : la dualité linguistique à l'Université d'Ottawa ; volume 1 : 1848-1898*, Ottawa, Presses de l'Université d'Ottawa, xv-210 p.

GUINDON, Roger (1993), *Coexistence difficile : la dualité linguistique à l'Université d'Ottawa ; volume 2 : 1898-1936*, Ottawa, Presses de l'Université d'Ottawa, xv-235 p.

GUINDON, Roger (1995), *Coexistence féconde : la dualité linguistique à l'Université d'Ottawa ; volume 3 : 1936-1965*, Ottawa, Presses de l'Université d'Ottawa, xv-174 p.

GUINDON, Roger (1998), *Coexistence équitable : la dualité linguistique à l'Université d'Ottawa ; volume 4 : depuis 1965*, Ottawa, Presses de l'Université d'Ottawa, xv-185 p.

HALLSWORTH, Gwenda (1985), *Le beau risque du savoir / "A venture into the realm of higher education" : A brief history of Laurentian University / Un bref historique de l'Université Laurentienne*, traduction de John et Françoise Arbuckle, Sudbury, Université Laurentienne / Laurentian University, 40 p.

JAENEN, Cornelius J. (dir.) (1993), *Les Franco-Ontariens*, Ottawa, Presses de l'Université d'Ottawa, « Ontario Historical Studies Series », viii-443 p.

MARTEL, Marcel (dir.) (1999), *L'université et la francophonie. Actes du colloque tenu à l'Université d'Ottawa les 5, 6 et 7 novembre 1998*, Ottawa, Centre de recherche en civilisation canadienne-française de l'Université d'Ottawa, 311 p. *MÉMOIRE au sujet du bilinguisme à l'Université Laurentienne, présenté au Conseil des Gouverneurs de l'Université à sa réunion du 18 octobre 1968, par des étudiants francophones de l'Université*, Sudbury, Université Laurentienne, 19-16 p. (Texte français suivi du texte anglais).

PAINCHAUD, Louis (1968), *Le bilinguisme à l'université : description du bilinguisme et du biculturalisme de l'Université d'Ottawa, de l'Université Laurentienne et du Collège militaire royal de Saint-Jean*, Montréal, Librairie Beauchemin, 248 p.

PICHETTE, Jean-Pierre (dir.) (1985), *Pour l'université française en Ontario*, numéro thématique de la *Revue du Nouvel-Ontario*, n° 7, 128 p.

NOTES

1. Cette partie du texte est basée essentiellement sur l'ouvrage du premier recteur de l'Université, le père Clément Cormier, clerc de Sainte-Croix. C'est l'historique le plus complet et il est largement utilisé par Couturier-LeBlanc *et al.* (1993). Cette source unique montre bien l'importance que les fondateurs de l'Université accordent à l'unilinguisme de l'institution acadienne recherchée.

2. L'institution universitaire en Ontario français a fait l'objet de discussions multiples et continues, au moins depuis les années 1960. Ce qui s'explique en grande partie par l'insatisfaction de la population franco-ontarienne à l'égard des établissements existants et par la recherche, en conséquence, d'une université française ou franco-ontarienne. La liste des références montre bien l'importance de cette discussion.

3. L'ancien recteur Roger Guindon a récemment publié cette histoire en quatre volumes (aux Presses de l'Université d'Ottawa), en insistant sur la coexistence entre les francophones et les anglophones : « Coexistence difficile » pour les années 1848 à 1898 (Guindon, 1989), « Coexistence menacée » de 1898 à 1936 (Guindon, 1993), « Coexistence féconde » de 1936 à 1965 (Guindon, 1995) et « Coexistence équitable » depuis 1965 (Guindon, 1998). L'historien Gaétan Gervais, un ancien de l'Université d'Ottawa, ne partage pas le point de vue de Guindon sur la place du bilinguisme dans l'histoire de l'Université ; il accorde en effet plus d'importance à la confession religieuse et donne à l'Université, pour la première moitié du XXe siècle, le caractère d'« institution bilingue à dominance française » (Gervais, 1985, p. 22-32, 34-37).

4. Selon le Groupe de travail sur le bilinguisme à l'Université d'Ottawa, « il faut s'attendre à ce que la majorité d'entre eux [les professeurs bilingues] se trouve dans les facultés où l'enseignement se fait dans les deux langues comme à la Faculté des arts par exemple » (Groupe de travail, 1971, p. 15).

5. L'histoire du Collège du Sacré-Cœur reste à faire, quoiqu'il existe quelques ouvrages sur le sujet, comme l'indique l'historien Gaétan Gervais (1985, p. 51, note 69ss.).

TERRITORIALITÉ ET IDENTITÉ DANS L'ŒUVRE ROMANESQUE D'ANTONINE MAILLET ET DE DAVID ADAMS RICHARDS

Marie-Linda Lord
Université de Moncton

Les écrivains Antonine Maillet et David Adams Richards situent l'intrigue de leurs romans dans leur propre lieu d'origine, soit l'Acadie et la région de la rivière Miramichi, au Nouveau-Brunswick. Les protagonistes vivent collectivement sur un territoire géopolitique qui ne leur est pas exclusif. Dans sa « Préface » à *L'Acadie du discours* de Jean-Paul Hautecœur, Pierre Perrault le dit bien : « la géographie n'appartient pas à la soumission mais au pouvoir[1] ». Dans la seconde moitié du XVIIIᵉ siècle, l'Acadie a été conquise définitivement et les Acadiens ont été déportés par les Anglais. Ceux qui sont rentrés d'exil n'ont pu reprendre possession de leurs terres, dorénavant assujetties à la loi britannique. La majorité d'entre eux se sont établis le long de la côte est du Nouveau-Brunswick. Depuis, l'Acadie est là où il y a des Acadiens. À la fin du XVIIIᵉ siècle et dans la première moitié du XIXᵉ, des immigrants irlandais – principalement d'origine celtique[2] et déjà soumis à l'impérialisme anglais en Irlande – sont venus s'établir par milliers sur les bords de la rivière Miramichi où se trouvaient, en plus petit nombre, des Micmacs, des Acadiens chassés de la « Nova Scotia », ainsi que des immigrants protestants de l'Ulster et de l'Écosse qui allaient perdre toute distinction ethnique par suite de leur assimilation au nouveau groupe dominant[3]. Leur statut de sujets conquis ne changeait pas de ce côté de l'océan Atlantique, car ils foulaient toujours un sol britannique. La région qu'ils habitent depuis porte le nom de la rivière. Aujourd'hui l'Acadie et la Miramichi représentent, dans les contextes canadien et nord-américain, deux entités virtuelles dont les toponymes désignent des territoires aux délimitations floues, constitués par une géographie humaine et non par des frontières géopolitiques ; elles sont respectivement peuplées de descendants de déportés rentrés d'exil et d'immigrants exilés[4]. Toutes deux sont situées à l'extrémité est du Canada, loin du centre du pays.

Indice et co-texte

Dans les romans de Maillet et de Richards, les protagonistes acadiennes et les protagonistes d'origine irlandaise évoluent dans un espace au-dedans de l'œuvre, mais inspiré du dehors, dans un contexte littéraire où le « pacte référentiel[5] » est respecté. L'espace-référence contient certes de l'*information* incontournable – les réponses à la question « où ? » –, mais il met également en évidence certains détails chargés de sens, d'un sens *en plus*, relativement au où ; ce sont des indices : « Les indices ont donc toujours des signifiés implicites [...]. Les indices impliquent une activité de déchiffrement[6] ». Afin d'effectuer ce déchiffrement nécessaire pour saisir le sens du discours, le lecteur s'inspire des connotations, des résonances et des associations d'idées du discours social : « l'indice renvoie à l'univers des discours, à du réel déjà sémiotisé, au domaine des idéologies et des complexes discursifs[7] ». Dans l'analyse sociocritique, ce sont plus que les *indices* en eux-mêmes qui comptent, mais bien les relations de leur sens inspiré par ce qui accompagne le texte, c'est-à-dire le *co-texte*. C'est dans le *co-texte* que se rencontrent des valeurs et des éléments du discours social empreints de conditions socio-historiques déterminées qui laissent des marques sur le corps du texte :

> Le discours social est une rumeur globale non cohérente aux incohérences soudées, reliées, la voix du ON, le doxique qui circule, le déjà-là, le déjà-dit, ce qui fonctionne à l'évidence sous forme de présupposés, de préconstruits, de cristallisé, de figé, l'informe de l'habitude, le non-dit, l'impensé, ce qui bloque ; une pluralité fragmentaire, le bruit du monde qui va devenir matière textuelle. Ce discours social est donc le co-texte mais le lecteur pas plus que l'auteur n'y ont accès en bloc[8].

Le *co-texte* est hétérogène et en mouvement ; il détermine l'interprétation du texte. Entre l'histoire et le texte, entre le contexte et le travail de fictionnalisation, des bribes du discours social sont travaillées, manipulées, figées, cristallisées dans et par le texte et deviennent la substance sémantique de l'œuvre.

Nous proposons une lecture de l'espace-référence qui renvoie à la voix de la référence, l'instance du discours social, pour y déceler des référents qui ont d'abord l'allure d'informants, puis se transforment en indices, indexant d'un sens identitaire la localisation géographique.

Dans les romans de Maillet et de Richards, les protagonistes appartiennent à deux groupes minoritaires habitant des territoires imprécis dans une province où les Anglo-Saxons sont historiquement les dominants et eux-mêmes, parallèlement et séparément, les dominés. Selon Anne Gilbert, la notion d'identité se trouve au cœur de celle de territoire : « identité concrétisée sur un espace, [...] par les représentations et l'imaginaire, qui lui donnent sa valeur et sa connotation symbolique[9] ». Pour saisir la dimension identitaire de leur réalité territoriale, nous analyserons la notation indicielle de l'Acadie et de la Miramichi, dont la matière co-textuelle porte l'enjeu identitaire, en nous intéressant à la présence de mots-enjeux, de syntagmes, d'images. Nous nous attarderons aux indices paradigmatiques qui peuvent parfois sembler virtuels, mais qui constituent des unités chargées de sens dans le discours : « Pour comprendre "à quoi sert" une notation indicielle, il faut passer à un niveau supérieur [...], car c'est seulement là que se dénoue l'indice[10] » ; il faut insérer le signifié à la fois dans le texte et le co-texte. Cette démarche interroge le lien entre les repères territoriaux et l'identité : le contenu indiciel des référents territoriaux renvoie-t-il une inscription de la quête d'identité ou de la perte d'identité ?

Le territoire

« Le pays »

Dans les romans de Maillet, les protagonistes vivent en « Acadie », sur les « côtes », dans « le pays ». « L'Acadie » et « les côtes » sont des référents qui désignent un lieu géographique. Le mot « pays » est abondamment utilisé et fait l'objet d'une notation indicielle élaborée dans toute l'œuvre romanesque. Chacune des protagonistes mailletiennes, sans exception, vit dans « le pays », lieu d'origine dans le sens ancien du mot et désigné sous une forme atoponymique, puisqu'il s'agit ici de la région où elles vivent et non du Canada. Dans *Pélagie-la-Charrette*, après une marche de dix ans pour retourner en Acadie, Pélagie doit s'arrêter dans les marais de Tintamarre. Son Acadie n'existe plus. Pélagie, qui croit en l'avenir de son peuple, le dit : « Là où c'est que je marcherons, nous autres, il faudra bien qu'ils bailliont un nom à l'endroit. Je l'appellerons l'Acadie. Par rapport que j'allons la rebâti', tu vas ouère, j'allons la rebâti' à grandeur du pays[11]. » Ce sera alors la consécration à laquelle participe la romancière. Dans *Pointe-aux-Coques*, mademoiselle Cormier, une Américaine d'origine acadienne, arrive dans le comté de Kent près de deux siècles après le retour de l'ancêtre Pélagie, dans un « pays étranger[12] » qui, au bout de neuf mois, devient un « pays de rêve qu'[elle] n'avait jamais imaginé aussi émouvant » (PAC, p. 135). Cette séquence purement indicielle met en évidence le contraste entre étranger et rêve. Un « pays étranger » dénote l'inconnu, alors qu'un « pays de rêve que je n'avais jamais imaginé aussi émouvant » connote l'idéal. Il est l'indice déterminant du pays et le plus probant de toute l'œuvre romanesque : il est une construction de l'imagination qui permet d'échapper aux contraintes du réel. Maillet effectue un retournement sémantique du pays dès son premier roman, publié à la fin des années 1950 alors que s'amorce la période de récupération identitaire ; elle construit un « pays de rêve » pour satisfaire un besoin et un désir identitaires et refouler une réalité pénible. Dans le roman suivant, *On a mangé la dune*, la notation mémorielle s'inscrit dans le discours de la récupération : « La terre est neuve, dans le pays d'exil, et vaste à l'infini. On bâtit grand[13]. » Le syntagme « pays d'exil » rappelle que la protagoniste, Radi, n'habite pas dans le pays d'origine, l'Acadie d'avant la Déportation qui n'existe plus, mais que la construction évoquée par l'unité « On bâtit grand » est en cours de réalisation. Maillet condense dans cette unité la rumeur sociale acadienne. L'élection d'un premier acadien au poste de premier ministre de la province majoritairement anglophone est source d'optimisme. Dès les premiers mois qui suivent sa victoire, il prépare la fondation de l'Université de Moncton, devenue depuis l'une des institutions acadiennes les plus importantes sur le plan social. Dans

Crache à Pic, écrit vingt ans plus tard, mais dont le temps diégétique est le même que dans *On a mangé la dune*, l'avenir s'ouvre toujours au « pays » : « Le pays était jeune, en friche, bien nourri de quatre saisons distinctes et qui ne se marchaient pas sur les pieds – et abritait un peuple qui commençait à avoir le goût de vivre, grand Dieu ! Une rage, une démangeaison de vivre[14]. » L'unité « [l]e pays était jeune, en friche » de 1984 se substitue à « [l]a terre est neuve » de 1962. « La terre » est devenue « le pays », certes, mais il est toujours « en friche ». La période de contestation des années 1970 est graduellement remplacée au début des années 1980 par le postnationalisme. Dans *Les Confessions de Jeanne de Valois*, écrit au début des années 1990, la protagoniste Jeanne de Valois ne se cache pas la vérité au sujet du « pays » qui n'en est pas un : « Peut-être n'avions-nous pas de pays, mais un peuple[15]. » Cette unité nous renseigne sur l'ambivalence de l'avenir du peuple acadien qui vit dans le temps, mais sans l'espace. « Le pays », c'est le peuple acadien, c'est l'Acadie en tant qu'entité humaine. Avec une « détermination de vivre », Jeanne de Valois n'a pas « laissé le pays dormir en paix [...] pour son édification » (CJV, p. 337) ; elle a instruit ses jeunes filles. L'inhérence de la réalité humaine dans l'appellation de l'Acadie est explicitée dans l'épilogue de *Pélagie-la-Charrette* :

> Mais en 1880, cent ans après son retour d'exil par la porte arrière et sur la pointe des pieds, l'Acadie sortait sur son devant-de-porte pour renifler le temps et s'émoyer de la parenté. De toutes les anses, et de toutes les baies, et de toutes les îles, on sortait la tête et dressait l'œil.
>
> Et c'est alors qu'on se reconnut.
>
> Ceux de Grand-Digue huchaient à ceux de Cocagne qui criaient à ceux de Bouctouche qui faisaient dire à ceux de l'Île du Prince-Edouard qu'on avait déniché des cousins dans le Nord-Est qui s'appelaient Lanteigne, Cormier, Landry, Godin, comme tout le monde. Et ceux-là à leur tour s'étiraient le cou hors de leur abri, avisaient le Sud et agitaient les bras vers ceux de Shédiac et de Memramcook qui répondaient qu'on avait trouvé de la parenté dans l'Île du Cap-Breton, à Pubnico et tout le long de la baie Sainte-Marie, en ancienne Acadie.
>
> Oui, on était rendu jusque-là.
>
> Sur les rives de la baie Française dite Fundy, aux abords du bassin des Mines, quasiment à la porte de Port-Royal. Et tant pis s'il s'appelait dorénavant Annapolis. On était quand même rendu là. Sans le faire exprès.
>
> Seul Grand-Pré restait désert, isolé, muet comme un temple antique hanté par ses dieux. Tel que l'avait prédit Pélagie.
>
> Sans le faire exprès.
>
> Comme une roue de charrette, comme le timon d'un bâtiment, l'Acadie nouvelle avait lancé aux quatre coins du pays les rayons de sa rose des vents, sans s'en douter. Elle avait joué à colin-maillard

avec le destin et avait fini par labourer ses champs et replanter ses racines partout (PLC, p. 350).

Le co-texte permet de réduire le flou territorial du « pays » et confirme sa géographie humaine, identifiée comme étant « l'Acadie nouvelle » comme l'avait prédit Pélagie cent ans auparavant, dans les marais de Tintamarre.

Le « pays » présente une géographie humaine qui, sous certaines apparences trompeuses d'homogénéité de peuple, est dichotomique. Il y a les gens respectables et les autres, moins respectables. Plusieurs protagonistes maille-tiennes ne vivent pas dans le secteur « respectable » du village. *Les Cordes-de-Bois* présente un « pays » qui est le théâtre « de chicanes épiques entre deux clans », soit les Cordes-de-Bois et le Pont qui n'ont pas le même statut social. La Bessoune, « l'héroïne des Corde-de-Bois », vit en haut de la butte, là où sont les cordes, là où le village est « accroupi » à ses pieds :

> Et c'est là où l'écharde s'enfonce dans la chair. Ce village, qui depuis toujours a vue sur l'océan et porte ouverte sur le monde, sent le regard des Cordes-de-Bois dans son dos. Chaque fois qu'un homme respectable du Pont veut crier des noms à ces effrontés, il doit dresser la tête pour les voir. Même que les filles du barbier n'arrivent pas à lever le nez sur leur pire ennemi sans se donner un tour de reins[16].

La segmentation physique de la paroisse est intimement liée aux affronte-ments entre ces deux clans. Dans *Mariaagélas*, le nord et le sud du pont se chicanent : « la principale rivière du pays séparait les Caissie du nord des Gélas du sû[17] » et ils se crient « des noms d'un bord à l'autre du Pont » (MG, p. 59). Les Cordes-de-Bois, le Pont, le nord et le sud du Pont composent le « pays » et constituent l'espace des concrétions socio-discursives, tel que le décrit Régine Robin : « un espace culturel de références, des valeurs, des sté-réotypes culturels, des éléments du discours social, des représentations[18] ». Les héroïnes la Bessoune, de la butte des Cordes-de-Bois, et Mariaagélas, du sud du Pont, sont marginales dans le « pays » : elles habitent un secteur jugé non respectable en raison des mœurs traditionnelles de leur clan familial.

Les notations indicielles de l'éloignement du « pays » sont nombreuses dans l'œuvre romanesque. Ce « pays » se trouve évidemment dans un terri-toire géopolitique, un pays officiel. Dans *Les Confessions de Jeanne de Valois*, la protagoniste nonagénaire de Moncton reçoit l'Ordre du Canada à Ottawa, « le cœur du pays » (CJV, p. 339). Moncton est loin du « cœur du pays ». Indé-pendamment de la dichotomie sociale du « pays », les héroïnes mailletiennes, tant respectables que « forlaques », partagent le même sentiment d'être en marge du centre. Dans *Mariaagélas*, Maria et sa famille vivent dans la Baie, à une grande distance des villes importantes se trouvant au centre du pays officiel :

> Les côtes de l'Atlantique se sentaient très loin du pays. Le pays, c'était Montréal, Toronto, un petit brin la capitale aussi, parce que c'est de là que sortaient toutes les lois sur la pêche et le trafic du bois. Mais les dunes et la baie, où les Gélas avaient planté leur cabane, étaient trop à l'écart pour vivre au rythme du pays. Les directives d'Ottawa prenaient toujours un certain temps à se rendre jusqu'à la Baie, la Pointe ou la Butte du Moulin. Aussi la Butte, la Pointe et la Baie prenaient-elles beaucoup de temps à déchiffrer les directives d'Ottawa (MG, p. 40).

Dans *Le Chemin Saint-Jacques*, Radi est marginalisée au sein de son propre pays : elle est « [n]ée dans un coin reculé du pays et loin du lieu où les choses se passent » (CSJ, p. 56). L'éloignement, voire l'isolement, ce n'est pas nouveau pour ces héroïnes du XXe siècle ; les ancêtres de la narratrice de *Cent ans dans les bois*, dont la Gribouille, connaissaient déjà cette réalité : « mes aïeux de sur l'empremier, isolés et calfeutrés dans les bois qui jalonnaient la côte est du pays[19] ». L'éloignement et l'isolement sont une caractéristique culturelle.

Dans l'œuvre romanesque de Maillet, le « pays » est une antilogie : il traduit un sentiment de vivre à la fois en marge du monde, dans l'éloignement géographique, et au centre du monde, dans la valorisation territoriale. Dans *Mariaagélas*, le mot « pays » apparaît trois fois dans la même page : « les chroniqueurs du pays », « l'histoire épique du pays » et « la principale rivière du pays » (MG, p. 107). Ces trois syntagmes renvoient à des unités culturelles différentes dont le sens respectif indexe le territoire d'une culture orale, d'une Histoire et d'une géographie physique, tous des éléments constitutifs d'une identité ; cette combinaison forme l'indice d'une affirmation identitaire qui renvoie à l'appropriation territoriale. L'utilisation répétée du mot « pays », dans des syntagmes chargés de sens, devient *signe* du désir d'appropriation des lieux habités par les Acadiens en marge du reste du pays « officiel » et signe du désir d'y vivre comme au centre du monde ; mais cette dernière option s'estompe devant la résistance interne. Dans *L'Acadie perdue*[20], Michel Roy reprend l'expression « les immobilités paysannes » de Fernand Braudel pour critiquer une Acadie tentant de vivre dans un espace rural peu perméable aux influences extérieures – lieu appelé « le pays » dans les romans de Maillet – et essayant de résister à l'urbanisation sans cesse croissante de l'Amérique.

« The river »

Dans l'œuvre de Richards, le référent « the river » est l'objet d'une notation indicielle formant l'espace des concrétions socio-discursives. Seul le roman *Road to the Stilt House* présente un mot-idée différent, « the road », pour créer cet espace des concrétions socio-discursives. La rivière est présente dans tous les romans, mais son nom n'apparaît pour la première fois que dans l'avant-dernier roman, *Hope in the Desperate Hour*. « The river » est d'abord un élément informatif du décor extérieur : dans *Blood Ties*, « she looking out over the town, the river dark between the two sides, the small string of houses underneath, the two mills a thunderous mass of redness and smoke[21] » ; dans *Lives of Short Duration*, « And the engine throttled past the mill, past the white houses, past the widening of the river[22] » ; dans *Nights Below Station Street*, « Over everything in town rose the hospital, the station, the church, and the graveyard. Below, the river rested, beyond the woods and through the centre of town[23]. » Cette séquence met en valeur le niveau iconique de la rivière ; mais le référent est travaillé pour devenir indiciel.

La rivière est plus qu'un simple élément du décor ; elle présente aussi une géographie humaine qui confère un statut social aux protagonistes. Chacun vit dans son secteur de la rivière ; c'est le cas de la fille de George, Lois, dans *Lives of Short Duration* : « [...] a job at Zeller's and then back to her own part of the river » (LSD, p. 217). Alors que les Pentecôtistes vivent en haut de la rivière – « if you were religious, I mean upriver religious, like the pennycostals up that way » (LSD, p. 117) –, les personnages principaux de Richards sont des catholiques de milieux populaires qui viennent majoritairement du bas de la rivière. Dans *The Coming of Winter*, la famille de Kevin Dulse « had moved downriver[24] ». Dans *The Coming of Winter* et *Blood Ties*, la famille de Cathy McDurmot y vit également :

> —Well, how about a drive downriver ? [...]
>
> —How far ?
>
> —MacDurmots (CW, p. 100).

Le bas de la rivière est en retrait de la ville : « about fourteen miles out of town, on the down-river side » (NB, p. 161). Il est souvent décrit comme un endroit sombre ; dans *Blood Ties*, le père de Cathy, Maufat, conduit l'auto vers le bas de la rivière : « Now they were in the car and driving downriver. The farther down they went the fewer lights there were, the deeper the blackness, as if it were the blackness of the bay swallowing the land » (BT, p. 189). Le bas de la rivière est aussi « nulle part », comme s'il était préférable qu'il n'existe pas ou du moins qu'il ne soit pas mentionné :

> —Where were you ?
>
> —Oh, nowhere—downriver.
>
> —What were you doing down there ? (CW, p. 58).

Le bas de la rivière n'est aucun lieu « valable ». Être du bas de la rivière n'est pas la référence sociale la plus recherchée ; les préjugés négatifs sont nombreux. Dans *Lives of Short Duration*, Little Simon affirme : « I mean, even a girl from downriver can write her name » (LSD, p. 247). Être du bas de la rivière, c'est être différent. Par exemple, Maufat et Alton n'ont pas la même démarche que l'enseignant de sa fille : « When he moved he didn't walk like other men, like Maufat or Alton walked. When they were downriver, they were home. They walked lamely, shunning their feet deliberately in the cold earth » (BT, p. 149). Quoique « sectionnée » en zones sociales, la rivière est la synecdoque de la région. Dans *For Those Who Hunt the Wounded Down*, Jerry Bines veut faire sortir Gary Percy de la région : « "I have to get him off the river," he said[25]. » La rivière désigne la région.

La rivière est le principal référent géographique auquel plusieurs protagonistes se sentent liés. Cette identification les marginalise du reste du monde. Dans *The Coming of Winter*, l'existence du père de Kevin aura toute été vécue près de la rivière : « It was rather an acute understanding at that boyhood age that everything was so hopelessly lost—that he would die never leaving the river to which he had been born » (CW, p. 49). Cette séquence narrative, purement indicielle, met en évidence une médiation entre le texte et le co-texte, ainsi qu'entre les niveaux iconique et indiciel de la rivière qui devient le référent d'une existence condamnée à être vécue sur place. C'est la rivière qui a donné naissance à la région ; elle est à l'origine de son développement démographique et économique. Les immigrants irlandais arrivaient dans la région sur des bateaux qui empruntaient la rivière pour entrer à l'intérieur des terres du nouveau monde aux XVIIIe et XIXe siècles. Pour les Irlandais catholiques, elle était le symbole de leur exil : « the early Catholic Celts considered themselves to be exiles from Ireland, and emotional links to the land they had left continued to be strong[26]. » Ces liens très forts convergeront finalement vers la rivière, et ces inclinations conscientes ou inconscientes les retiennent sur place. Le même sort guette Kevin, le fils de Clinton, et sa future épouse :

—You go in at four again today, I suppose ?

—Yes, she said, looking up at him and frowning. Yes, damn it—I hope you don't plan to stay on this damn river forever.

—No, why ?

—Because I'm sick of it here already—one year, one year after we're married and that's it, okay ?

—Sure.

—And where do we go from here once we leave ?

—I don't know, he shrugged looking at her. Somewhere—I suppose.

—That's a great help (CW, p. 107).

Le syntagme « damn river », tel qu'il apparaît dans cet échange entre les futurs époux, constitue l'indice d'un avenir sans espoir de quitter cette rivière qui les enchaîne. Dans *Lives of Short Duration*, le lien entre la rivière et Little Simon est encore plus explicite et plus fort ; l'existence de Little Simon est indissociable de la rivière : « [He] was bred from the river, born in 1949 » (LSD). Le verbe « bred » accorde un rôle presque maternel à la rivière, Little Simon s'y développant et y vivant jusqu'à son suicide : « The river went around him—but he was the river » (LSD, p. 265). C'est aussi le destin d'Ivan

Basterache dans *Evening Snow Will Bring Such Peace*. Au moment même où il doit prendre le train pour quitter la région, Ivan meurt dans la rivière : un pont incendié s'écroule sur lui alors qu'il tente de sauver son cheval pris dans le cours d'eau. L'espace territorial des protagonistes se résume essentiellement à la rivière. Ils n'ont qu'une expérience très limitée du monde : « So you sit on one side of the river and stare at the other » (LSD, p. 167). Leur espace territorial est petit et replié sur lui-même. Il est isolé et absent de la radio et de la télévision qui proviennent des grands centres urbains lointains. En tant que repère discursif, la rivière est indicielle de la double marginalité individuelle et collective.

Dans la deuxième moitié du XXᵉ siècle, la rivière n'est plus ce qu'elle était. Elle est très polluée et son état s'est beaucoup dégradé. Elle est coupée de sa vraie nature :

> And the mill with its pipes and jarring smoke, with the washed-down liquor flushed into the river and the boilers washed out with sulphuric acid and washed into the river—and those same children, the displaced French, the wild angry Irish and Scotch swimming in the provincial park not a mile away from the mill and coming out in the twilight as the salmon struggled on upstream into the vast network, little boys and girls sitting on the porch steps. « We aren't going there anymore— »
>
> « The river hurt Debby, she got a burn— » (LSD, p. 111).

La pollution de la rivière est indicielle de l'acculturation menaçant l'identité culturelle par l'invasion socio-culturelle américaine. La rivière, qui est un référent collectif, désigne la région et ses habitants à l'identité sapée par l'intrusion de valeurs et de mœurs les rendant étrangers à eux-mêmes. Packet, dans *Lives of Short Duration*, essaie de comprendre ce qui se passe : « what did this road, [...] this maddened river—these thousand and one families [...], this McDonald's fast food, this shopping-centre, [what does] all this Packet thought *mean* ? » (LSD, p. 254). Le qualificatif « maddened » est un indice psychologique qui renvoie à l'acculturation débilitante des résidants de la rivière. Celle-ci n'a plus le même rôle social pour la communauté dans *Evening Snow Will Bring Such Peace* publié en 1990 : « Just as, twenty years ago, three quarters of the traffic on the river had to do with work—fishing boats, scows, and pulp boats—now three-quarters of the traffic were people with inboard motor boats and sailboats[27]. » Cet écho du discours social dans le roman traduit une inquiétude face au changement du type de circulation sur la rivière; il est indiciel du changement des valeurs, du mode de vie des habitants de la rivière, de leur identité en perdition.

« The road »

Dans *Road to the Stilt House*, « the road » est le référent géographique qui indexe le sens du discours. Élément majeur du décor extérieur, le chemin est un cul-de-sac : « And here is the road that leads nowhere[28] ». Dès le début du roman, un avenir sans issue est annoncé ; le chemin en cul-de-sac n'offre pas la possibilité d'aller plus loin ni la possibilité de s'en sortir. Arnold et sa famille habitent ce chemin, « this black road » dont le qualificatif est indiciel de leur destin sombre et funeste. Le chemin est situé dans l'arrière-pays et a une apparence désolante :

> It's a road in the back end of our province, tattoed and broken. They said they were going to make it larger, and there'd be a lot of commercial enterprise on it, and that it would be opened up to all sorts of things. They have even ploughed back some gravel a little—but they haven't done anything else. So the road looks like a grey snakeskin that follows the shale and ditches, and trees scared and fallen over (RSH, p. 9).

La qualité serpentine du chemin est indicielle d'une destinée se poursuivant, en deçà et au-delà de ce qui est visible, proche et manifeste.

Le chemin divise le territoire : « This road is 100 miles, broken through the trees, between our small town and the American border. It cuts right across the back end of our province from north to south » (RSH, p. 149). Son parcours est indiciel de l'identité culturelle qui vacille entre l'authentique et l'américanité. Quand le chemin aura besoin d'être réparé, des travailleurs du sud viendront effectuer les travaux de réfection avec une attitude de supériorité : « They came from the south of the province, and they came for seventeen days. [...] They complained about the people : "The people over north", they said » (RSH, p. 81). Cette séquence dénote le sentiment d'infériorité des gens de la région. Ce chemin est un cul-de-sac, une voie sans issue, où le gouvernement fédéral, au nom de la création d'emplois, décide de construire une nouvelle prison :

> —Well, the priest says, you know why they put the prison on our road do you?
>
> —Sure, to give us some jobs.
>
> —No, they put the prison here because no-one else in the entire country wanted it—and made sure they didn't get it (RSH, p. 33).

La présence de la prison est indicielle de la vie sans issue d'Arnold. Ayant espéré en vain obtenir un emploi pendant la construction de la prison, il s'y rendra plutôt comme détenu.

Le sort du chemin lui-même est un indice prémonitoire de l'histoire d'Arnold :

Everything was still.

And then one day the road collapsed.

It sunk in, rolled over and fell away. People came out of the doors of their houses to look at it.

"God's mad," Sadie said.

"The road rotted away," Mr. Matheson said.

Everybody nodded. How could a road rot away. No-one cared to ask. It just did. It rotted away without saying a thing—without groaning it rotted, and after it rotted, it fell away in front of their eyes (RSH, p. 79).

[...]

Arnold took this wound and wore it well, right on top of his head, as the road was obliterated in front of his eyes and changing his life. I think you can't change people by changing roads (RSH, p. 52).

L'effondrement du chemin annonce un destin inévitable pour Arnold : il s'effondra lui aussi un jour sous le regard des autres. Après sa mort, le chemin est réparé : « The new road they are building cuts right across the remains of Arnold's house. An old cot with a broken television remains to be bulldozed away, and the snow has come and has made it harsh and quiet there » (RSH, p. 170). Le remplacement de l'ancien chemin par une nouvelle route et la destruction des objets ayant appartenu à la famille d'Arnold par un bulldozer sont un indice d'assimilation. Arnold et ses ancêtres auront vécu à cet endroit sans espoir de s'en détacher, mais aucune trace de leur passage ne leur survivra. Est-ce là ce qui arrivera à l'identité collective ? Le chemin est une métonymie d'un espace collectif aux conditions débilitantes et un indice de l'inexorabilité de la vie.

La dimension identitaire

Les indices territoriaux qui émanent des lieux et espaces dans les œuvres romanesques de Maillet et de Richards renvoient à des signifiés différents. Chez Maillet, « le pays » indexe abondamment et variablement le territoire qu'habitent les Acadiens, unis par leur origine et leur destin, d'une dimension identitaire. Chez Richards, la rivière et le chemin indexent le territoire qu'habitent les descendants d'Irlandais d'une identité aléatoire. Le territoire dont parle Anne Gilbert, celui « qu'on s'approprie, dans lequel on s'enracine et qui devient un foyer d'appartenance[29] », participe différemment à l'identité individuelle et collective des protagonistes de Maillet et de Richards. Cette différence trouve une interprétation, puisée dans le co-texte, dans le rapport historique qu'entretiennent les protagonistes avec les lieux qu'ils habitent. Les protagonistes mailletiennes sont toutes d'ascendance française et de la lignée des déportés *rentrés d'exil*. Ce dernier détail est important dans la comparaison avec les protagonistes richardsiens, parce que ceux-ci sont tous d'ascendance irlandaise mais d'une lignée *d'immigrants exilés*. Cette divergence de statut jette un éclairage sur la notation indicielle des lieux et espaces qu'habitent les protagonistes. Chez Maillet, ce sont les personnages qui font « le pays » ; l'Acadie est là où se trouvent les Acadiens. Les répétitions du mot « pays » deviennent signe d'une volonté et d'un désir d'appropriation d'un espace territorial permettant de concevoir la survie collective en marge de la majorité ; le territoire en tire son existence, comme l'explique Gilbert :

> Le territoire est aussi un produit de l'imaginaire : la solidarité perçue entre les gens qui partagent [cet espace], qu'elle découle d'une appartenance de classe, ethnique ou autre, contribue sinon davantage au territoire que le substrat matériel. Le territoire [...] implique toujours, de façon plus ou moins explicite, cette idée d'appropriation des lieux. Il exprime la prise de possession de l'espace par un groupe, son organisation et sa défense[30].

Chez Maillet, c'est un territoire rêvé, imaginé, mouvant et instable. Le référent « the river », employé automatiquement par les protagonistes richardsiens en tant que repère conscient et inconscient de leur appartenance et de leur identité, est bien sûr l'élément qui explique historiquement leur présence à cet endroit, mais la rivière est aussi un fragment du territoire qu'ils habitent. Selon Gilbert, la référence collective est possible même avec des éléments fragmentaires : « [ils] constituent des portions du territoire qui ont une grande richesse collective [qui] continuent de marquer le lien social et de constituer des repères territoriaux partagés par l'ensemble des membres de la communauté[31] ». La rivière a occupé une place prépondérante dans la survie et la subsistance de ses habitants pendant près de deux siècles en étant l'élément spatial de cohésion et de continuité collectives ; elle renvoie à l'identité collective et est indicielle d'un territoire fragmentaire. Dans *Road to the Stilt House*, « the road » est le territoire fragmentaire et isolé ; il est pour sa part sans grande signification historique. Dès le titre du roman, la notation indicielle du chemin renvoie, avec le syntagme « stilt house », à un univers sans fondation durable. Arnold n'a pas (contrairement aux autres protagonistes richardsiens) de nom de famille qui dévoilerait ses origines et il n'est pas (contrairement aux autres protagonistes richardsiens) lié à la rivière dont le rôle historique dans le développement de la région est fondamental. Le chemin sans identité dans l'arrière-pays est indiciel de sa marginalisation sociale. Dans tous les romans, la notation indicielle de la rivière et du chemin, dont les noms restent tus, réfléchit virtuellement, hors d'un syntagme explicite, l'identité collective et l'identité fragmentaire. Chez Maillet, c'est l'appropriation virtuelle d'un espace territorial qui rassemble les habitants mais qui, aussi, les marginalise ; chez Richards, c'est l'appropriation historique d'un élément du territoire qui les distingue mais qui, aussi, les anéantit.

Territorialité et identité

Les indices territoriaux donnent un sens différent à l'identité des protagonistes mailletiens et richardsiens. Dans l'œuvre romanesque de Maillet, le « pays » habité par des Acadiens devient un espace d'appartenance, d'enracinement, chargé de sens et de mémoire, l'indice de la consécration d'un territoire identitaire dans le territoire officiel. Dans l'œuvre romanesque de Richards, « the river » et « the road », habités par des gens désintéressés de leur origine, deviennent un espace emprisonnant, voire funeste, dans un territoire fragmentaire à l'intérieur du territoire officiel. Gilbert rappelle la difficulté d'appropriation et de présentation du territoire par une minorité : « [e]n situation minoritaire, aucun milieu n'est vraiment favorisé sur le plan du territoire[32] ». La territorialité ainsi présentée prend son sens dans l'historicité des lieux que la mémoire collective lui reconnaît. Les protagonistes mailletiennes ont une mémoire identitaire alors que les protagonistes richardsiens souffrent d'une « démémoire » identitaire. L'enjeu identitaire s'inscrit alors chez Maillet dans une quête territoriale alors que chez Richards, il est vécu à perte, dans la fragmentation du territoire.

NOTES

1. Pierre Perrault, « Préface » dans Jean-Paul Hautecœur, *L'Acadie du discours*, Québec, Presses de l'Université Laval, 1975, p. xiv.

2. Leo J. Hynes, *The Catholic Irish in New Brunswick 1783-1900*, Moncton, J. Edward Belliveau editor, 1992, p. v.

3. *Ibid.*, p. ix.

4. Toujours selon Hynes dans *The Catholic Irish in New Brunswick*, les Celtes catholiques se considéraient eux-mêmes comme des exilés de l'Irlande et conservaient un lien émotif très fort avec leur mère patrie : « They regarded emigration as tantamount to involuntary exile—forced banishment—compelled by British and landlord oppression » (p. ix).

5. Jean Bessière, « Littérature et représentation », dans Marc Angenot *et al.* (dir.), *Théorie littéraire. Problèmes et perspectives*, Paris, Presses universitaires de France, 1989, p. 311.

6. Roland Barthes, « Analyse structurale des récits », dans R. Barthes *et al.*, *Poétique du récit*, Paris, Le Seuil, 1977, p. 23.

7. Régine Robin, « Pour une socio-poétique de l'imaginaire social », dans Jacques Neefs et Marie-Claire Ropars (dir.), *La politique du texte. Enjeux sociocritiques pour Claude Duchet*, Lille, Presses universitaires de Lille, 1992, p. 112.

8. *Ibid.*, p. 104.

9. Anne Gilbert, *Espaces franco-ontariens*, Ottawa, Le Nordir, 1999, p. 56.

10. Roland Barthes, *op. cit.*, p. 20.

11. Antonine Maillet, *Pélagie-la-Charrette*, Montréal, Leméac, 1979, p. 342. Dorénavant, le roman sera désigné par l'abréviation PLC.

12. Antonine Maillet, *Pointe-aux-Coques*, Montréal, Leméac, [1958] 1972, p. 17. Dorénavant, le roman sera désigné par l'abréviation PAC.

13. Antonine Maillet, *On a mangé la dune*, Montréal, Éditions Beauchemin, 1962, p. 86. Dorénavant, le roman sera désigné par l'abréviation OMD.

14. Antonine Maillet, *Crache à Pic*, Montréal, Leméac, 1984, p. 85. Dorénavant, le roman sera désigné par

l'abréviation CAP.

15. Antonine Maillet, *Les Confessions de Jeanne de Valois*, Montréal, Leméac, [1992] 1993, p. 47. Dorénavant, le roman sera désigné par l'abréviation CJV.

16. Antonine Maillet, *Les Cordes-de-Bois*, Montréal, Leméac, 1977, p. 13. Dorénavant, le roman sera désigné par l'abréviation CB.

17. Antonine Maillet, *Mariaagélas*, Montréal, Marabout, [1973] 1980, p. 107. Dorénavant, le roman sera désigné par l'abréviation MG.

18. Régine Robin, *Le réalisme socialiste. Une esthétique impossible*, Paris, Payot, 1986, p. 150.

19. Antonine Maillet, *Cent ans dans les bois*, Montréal, Leméac, 1977, p. 11. Dorénavant, le roman sera désigné par l'abréviation CAB.

20. Michel Roy, *L'Acadie perdue*, Montréal, Éditions Québec/Amérique, 1978.

21. David Adams Richards, *Blood Ties*, Toronto, McClelland and Stewart, [1976] 1985, p. 96. Dorénavant, le roman sera désigné par l'abréviation BT.

22. David Adams Richards, *Lives of Short Duration*, Toronto, McClelland and Stewart, [1981] 1986, p. 86. Dorénavant, le roman sera désigné par l'abréviation LSD.

23. David Adams Richards, *Nights Below Station Street*, Toronto, McClelland and Stewart, [1988] 1989, p. 26. Dorénavant, le roman sera désigné par l'abréviation NB.

24. David Adams Richards, *The Coming of Winter*, Toronto, McClelland and Stewart, [1974] 1982, p. 30. Dorénavant, le roman sera désigné par l'abréviation CW.

25. David Adams Richards, *For Those Who Hunt the Wounded Down*, Toronto, McClelland and Stewart, 1993, p. 160. Dorénavant, le roman sera désigné par l'abréviation FT.

26. Leo J. Hynes, *op. cit.* p. ix.

27. David Adams Richards, *Evening Snow Will Bring Such Peace*, Toronto, McCleland and Stewart, [1990] 1991, p. 9. Dorénavant, le roman sera désigné par l'abréviation ES.

28. David Adams Richards, *Road to the Stilt House*, Toronto, HarperCollins Publishers, [1985] 1990, p. 9. Dorénavant, le roman sera désigné par l'abréviation RSH.

29. Anne Gilbert, *op. cit.*, p. 156.

30. *Ibid.*

31. *Ibid.*, p. 162.

32. *Ibid.*, p. 168.